美しきタロットの世界その歴史と図像の秘密

大是文化

[illegible]牌圖像的祕密

原是貴族聊天時用來看圖說故事，
演變成全民熱愛的占卜工具。
從歷史、神話、哲學、靈數學面向，看塔羅起源。

世界報紙發行量最大的讀賣新聞社所經營
讀賣新聞社「美術導航」取材班——著
日本第一間塔羅牌專門美術館
東京塔羅美術館——審定
方嘉鈴——譯

CONTENTS

推薦語

塔羅牌最大的特色是圖像，我們可以從學習圖像，進入塔羅的身心靈領域，但相對於塔羅占卜的應用書，臺灣較少介紹塔羅圖像的專書，本書清楚介紹了塔羅牌的歷史發展，並比較、分析各種傳統塔羅圖像的發展與意義，不管是入門或已有占卜經驗者，都可以藉由本書，領略到塔羅深奧又充滿故事的圖像世界。

——FB粉絲團「塔羅的奇幻旅程」版主／王乙甯

《塔羅牌圖像的祕密》是迄今為止我最喜歡的一本塔羅牌專書，譯筆流暢不艱澀，閱讀起來非常順暢。此書是牌義索引工具？歷史博物考究？還是榮格意識[1]分析？以上主題全部都有。

若想接觸塔羅牌，需要爬梳其歷史背景，因為唯有知道它的來處，才會對這項工具產生信任感，使用時也有足夠的信心和篤定。本書對初學者非常友善，系統性的解說，由淺入深，敘事嚴謹卻不冷僻，無須死記硬背，便能理解牌義。對塔羅牌中高階使用者來說，也大大增加了知識含金量。《塔羅牌圖像的祕密》會是你最想選修的一門塔羅牌通識課。

——FB粉絲團「菁菁夫人小劇場」版主／菁菁夫人

世界上的牌卡有千萬種，塔羅牌應該是大眾最耳熟能詳的牌卡，不少人都想藉此一窺命運的安排。

要了解塔羅牌並不難，就先從挖掘每張牌面圖像的祕密開始吧！塔羅牌的圖像物件隱藏許多訊息，只要你理解並融會貫通背後所代表的意義，便能掌握牌卡要告訴你的祕密。

有別於一般的塔羅牌書籍，本書深入結合塔羅牌的歷史脈絡，並解析每張牌面上物件所蘊含的深層意義，帶領各位一同挖掘圖像裡不為人知的歷史，讓你在拿出牌卡與人互動時，能有更宏觀的洞見！

你也想揭開塔羅牌的神祕面紗嗎？就從翻閱《塔羅牌圖像的祕密》開始吧！

——FB粉絲團「靈魂自修室」版主／柔依

塔羅牌的核心精神就是圖像符號，本書將塔羅兩大系統偉特與托特的大牌圖像啟示，做了集大成的解析，更藉由二十二張大牌的牌義總結，精準串接所有延伸概念，幫助讀者掌握每張牌的核心意義。

本書回歸塔羅牌最重要的兩大元素：圖像與靈數學，適度而不過度引申，提供解牌技巧的具體操作方向，不僅是很好的入門指引，更是占卜師重新梳理牌義、深刻理解的好幫手。

——IG粉專「台灣塔羅迷因」／台灣塔羅迷因編輯群

---

1. 指意識（自我）、個人無意識（情結）和集體無意識（原型）。

前言
每個圖像都是一個歷史故事

提到塔羅牌，你會先想到什麼？一種占卜工具？一種卡牌遊戲？還是古代神祕主義的象徵？這些答案都擦到一點邊，但又不完全正確。

塔羅牌的起源，據說可以追溯到十五世紀中葉時期的義大利，**這些「畫著圖案的卡牌」，原本是貴族們閒暇之餘的小玩意，直到十八至十九世紀時，塔羅牌才開始被用於占卜**，並與歐洲盛行的神祕主義產生連結。二十世紀以後，塔羅牌因受到「榮格心理學」（Jungian psychology）與「新時代運動」（New Age Movement）[1]等

1. 一種去中心化的宗教及靈性的社會現象。

概念的影響，不僅讓牌面解釋與象徵意義變得更加複雜，各種卡牌版本也百花齊放。

塔羅牌是歐洲中古世紀的產物？有人說塔羅牌跟「古埃及的智慧」或古猶太民族的「卡巴拉祕儀」[2]（Kabbalah）有關？其實這兩種說法都沒錯，其中的祕密，就藏在這套神祕的卡牌系統當中。

塔羅牌是由二十二張大阿爾克納牌（Major Arcana），與五十六張小阿爾克納牌（Minor Arcana）組成。大阿爾克納是繪有各種包括愚者、戰車等主題的圖卡；小阿爾克納則是用權杖、金幣、寶劍、聖杯等四種符號

圖表 0–1 **阿爾克納與小阿爾克納的差異**

塔羅牌組成	張數	說明
大阿爾克納	22張	繪有各種包括愚者、戰車等主題的圖卡。
小阿爾克納	56張	用權杖、金幣、寶劍、聖杯等四種符號（花色），與數字1到10所組合而成的數字牌。此外再分別加入國王、皇后、騎士、侍衛等人物元素組合成「宮廷牌」（Court Cards，或稱人物牌）。

（花色），與一到十的數字組合而成，一般稱為「數字牌」，而在小阿爾克納牌的四種符號當中，又會分別加入國王、皇后、騎士、侍衛等人物元素組合成「宮廷牌」（見圖表0-1）。

至於塔羅牌為什麼要選擇這些圖案主題，至今仍沒有一套統一或準確的說法。可以確定的是，這些圖案主題的來源十分複雜，有《聖經》故事、有希臘羅馬神話，還有亞里斯多德（Aristotle）與畢達哥拉斯（Pythagoras）等古代智者所流傳下來的智慧，甚至在這些基礎上，加入了一點諾斯底主義（Gnosticism）[3]等東方智慧，或文藝復興時期的詩歌與繪畫內容等，有些還反映出中世紀歐洲的民間傳說與社會現況。隨著後繼研究者的持續投入與發現，各式各樣關於塔羅牌的起源與歷史，也出現各種詮釋與不同的版本。

本書原始內容取自日本讀賣新聞社所經營的「美術導航」網站（artexhibition.

---

2. 與猶太哲學觀點相關的思想，用來解釋永恆的造物主與有限宇宙間的關係。
3. 一種宗教思潮，宣稱能提供關於神的神祕知識。

jp），在二〇二一年四月至八月間所連載的專欄文章，後經美術導航網站編輯團隊大幅增修調整彙編而成。

除了介紹各種塔羅牌的解釋與觀點外，更邀請塔羅牌研究者兼圖像創作者Izumo Arita，從圖像與符號的流變，提供各項見解與補充說明，**全書更經過東京塔羅美術館審定**，期盼本書能帶領讀者解開塔羅牌的神祕面紗，也能透過塔羅牌來鑑賞古今的圖像藝術。

許多塔羅牌的使用者，會把大阿爾克納的第一張「愚者」，到最後一張「世界」的二十二張牌，視為是一名單純無所知的人（愚者），為了探求真理走訪世界的一趟「愚者之旅」。在旅程中，即是塔羅牌所包含的各種圖像與符號，例如古今中外人們對世界各地的神話、傳說或宇宙真理等所展開的思考。

大家不妨隨意拿起一張牌，一邊看著牌卡上的圖案，一邊試著與自己對話，或將它當成是一種輔助聊天的媒介，與親朋好友進行一場更深入的對談。如果能藉由這些圖案、符號與象徵，讓大家在想像力飛馳的過程中獲得療癒，進而豐富身心靈的理解與感應，那就太棒了。塔羅牌是桌面上的微型藝術，每個人的使用方法各有巧妙。讓我們一起探索奧妙的塔羅牌世界吧！

第 1 章

貴族教養的啟蒙

關於塔羅牌的起源，曾有過許多種說法，例如，在十八世紀後半到二十世紀間，曾推論「塔羅牌源自於古埃及」，但這似乎只是神祕學家的想像。一直到二十世紀後半，透過眾多研究者的探索討論，塔羅牌的歷史輪廓才日漸清晰，現在一般的主流觀點，認為**塔羅牌的原型，出現在十五世紀中葉的義大利**。

塔羅牌是由七十八張牌所組合而成，其中包括二十二張大阿爾克納牌組，以及五十六張小阿爾克納牌組，小阿爾克納牌組又由十六張被稱為宮廷牌的人物牌，與四十張數字牌組成，每一張牌皆有不同意義。

源自於中世紀歐洲的貴族階層

從現存的諸多版本中，我們可以追溯到最古老的三種版本，分別是「卡里耶魯」（Cary Yale Visconti），由美國耶魯大學，拜內克古籍善本圖書館（Beinecke Rare Book and Manuscript Library）所保存；「布蘭比拉」（Brambilla Tarot），由義大利米蘭布雷拉畫廊（Pinacoteca di Brera）所收藏；以及「維斯康提塔羅牌」（Visconti Sforza Tarocchi）收藏於紐約摩根圖書館與博物館（Morgan Library &

圖表 1–1
維斯康提版審判，摩根圖書館與博物館館藏。
最古老的塔羅牌版本之一。

Museum）內。

這三副牌都是由義大利維斯康提家族（Visconti），與斯福爾扎家族（House of Sforza）一手催生，約莫在一四四〇年至一四五〇年間出現。後世的研究者推論，塔羅牌的製作，與當時兩位重要人物有密切關係，其中一位是在一四一二年至一四四七年擔任米蘭公國統治者的菲利波．瑪麗亞．維斯康提（Filippo Maria Visconti），據說他不信任人、只相信占星術；另一位則是他的女婿法蘭切斯科一世．斯福爾扎（Francesco I Sforza），斯福爾扎在菲利波去世後，繼承了米蘭公國。但這三副牌與現今常見的塔羅牌版本相比，仍有些許差異，例如缺少了「惡魔」與「塔」等牌卡，或在卡里耶魯版本的大阿爾克納牌中，則多出了「信仰」、「希望」、「慈愛」等，現在較不常見的牌。

學者伊藤博明教授相當熟悉中世紀歐洲思想與藝術的圖像，他所發表的研究報告〈文藝復興時期塔羅牌的革新——以「曼塔納塔羅牌（Mantegna Tarot）」為例〉一文中表示：「十五世紀後半，在義大利北部的波隆那（Bologna）、費拉拉（Ferrara）及米蘭（Milano）等地的宮廷中，都相當盛行塔羅牌遊戲，目前已知當時的塔羅牌版本約有二十種以上。」

圖表 1–2
〈玩塔羅牌的人們〉，畫中描繪出當時貴族們熱衷於玩卡牌遊戲的場景。（維基百科，使用者：Sailko）

在當時的藝術作品中，我們也可以了解塔羅牌流行的狀況，像是在米蘭的博羅梅奧宮（Palazzo Borromeo）牆上，就有一幅一四四〇年代所繪製的溼壁畫〈玩塔羅牌的人們〉（*Tarot Players*，見圖表 1-2），畫中就描繪出當時貴族們熱衷於玩卡牌遊戲的景象。在剛開始流行時，似乎僅限於作為遊戲遊玩，並沒有拿來占卜的紀錄，這一點我們可以從歷史文獻中的記載得到佐證。

首先，在一些當時基督教聖職人員的講道紀錄中，雖然出現過嚴厲譴責玩「Triumph遊戲」的記載，但完全沒有提到任何關於「用塔羅牌占卜」的事。再者，《舊約聖經》（*Old Testament*）明確表示：「你們中間不可有人使兒女經火、也不可有占卜的、觀兆的、用法術的、行邪術的、用迷術的、交鬼的、行巫術的、過陰的。凡行這些事的都為耶和華所憎惡。」（申命記第十八章十－十二節、中文和合本）。可知以當時的社會風氣與宗教氛圍來看，占卜與邪術是基督教的主要禁忌之一。

再根據日本一位熟悉占星術與塔羅牌的作家兼譯者鏡隆治，在他所出版的《塔羅牌的祕密》一書中，曾提到十六世紀，有一部關於神祕學的百科全書《神祕哲學》（*Occult Philosophy*），由當時的魔法師兼神學家阿格里帕·馮·內特斯海姆（Agrippa von Nettesheim）所撰寫，書中詳細蒐羅了當時所流傳各種與占卜相關的討論，包括手相、面相、占星術、探地術（Geomancy，類似東方的風水學）等資訊，卻完全沒有提到任何與塔羅牌占卜有關的事，故從以上的線索可以推測，把塔羅牌應用在占卜上，應該是更後來的事。

塔羅牌與撲克牌，哪個較早出現？

既然塔羅牌最早被當作遊戲，那當時的貴族怎麼玩？其實早在文藝復興時期的歐洲，就有看圖說故事的遊戲，大家會從一張圖畫中的細節，包括人物動作、穿著與搭配的飾品等，解讀畫面中隱含的訊息或寓意，並引用《聖經》故事、希臘神話，或當時所流傳的名言佳句等，用來支持自己的論點。而這種從細節處挖掘寓意的做法，不只應用在繪畫作品當中，也常被應用在文學、雕刻等各類藝術作品的詮釋與評論上，大家藉由引經據典的鑑賞分析方式，展現貴族們的知識與學養。

除此之外，**貴族們也經常藉由圖卡繪畫，達到知識傳遞、信仰或倫理傳承，以及防止厄運詛咒等用途**。例如，中古時期的畫家林堡兄弟（Limbourg brothers），他們所繪製的〈貝里公爵的豪華時禱書〉（*The Very Rich Hours of the Duke of Berry*，見下頁圖表1-3），便是藉由豐富圖像，描繪出從一到十二月的天體排列，與各個月分的節氣資訊等。

日本塔羅專家井上教子在其著作《塔羅牌的歷史》一書中，就曾這樣描述過

圖表 1–3

林堡兄弟所繪製的〈貝里公爵的豪華時禱書〉，孔德博物館（Musee Conde）館藏。藉由豐富圖像，描繪出一整年的天體排列，與各月分的節氣資訊。（維基百科公有領域圖像）

〈貝里公爵的豪華時禱書〉，「就像是現在記載著特殊節日與天象的行事曆。」又像是誕生在十五世紀中晚期的曼塔納塔羅牌，這套牌組是用五十張不同圖卡來描述宇宙的整體秩序。諸如這些圖像或者圖卡，都是以前的貴族，用來寓教於樂的工具之一。

法國的塔羅牌專家拉媞西亞·巴比耶（Laetitia Barbier）在《塔羅博物館》（*Tarot and Divination Cards*）一書中說：「十五世紀的義大利人，曾經設計出一套叫做『Triumph』的新牌卡組合，藉此增加『吃磴遊戲』（Trick Taking Games）[1]的複雜度，這種『Triumph』牌卡的第五種花色，就是由一系列富含寓意的圖卡所組合而成」[2]。這些富含寓意的圖卡一共有二十二張，再與撲克牌，或小阿爾克納牌中的數字牌結合在一起，就成了塔羅牌的前身。

---

1. 牌分大小，每方輪流出一張，且必須優先出與引牌同花色的牌，出最大者獲得該磴牌並後成為下次的引牌者，持續進行到手牌出完。
2. 作者註：Triumph一詞在拉丁文中有「凱旋」之意，英文中的Trump（王牌）即源自於此。

十八世紀的神祕學家曾認為，「先有源自於埃及的塔羅牌，而後才演化出撲克牌」，但是從前幾段的推論中，我們可以知道，現在大部分的研究者都否定這項見解。目前比較公認的學界主流說法是，**最早的數字牌可能源自於中國，而後經由波斯傳入歐洲**，在歐洲造成流行後，產生了類似撲克牌（與小阿爾克納的數字牌相仿）的卡牌遊戲，後來加入了相當於大阿爾克納的圖案卡牌，才發展出近代的塔羅牌系統，所以**撲克牌，應該早於塔羅牌**。

印刷術發達，加速塔羅牌流行

早期的塔羅牌，作為貴族之間的休閒娛樂，因此在牌卡的設計與製作上，理所當然極盡奢華之能事，甚至**為了展現個人的身分地位與財富，有時還會用金箔來裝飾牌面，或在圖卡上加入貴族的家徽**，像是由維斯康提家族製作的維斯康提塔羅牌就是如此。

但塔羅牌真正大眾化，則要歸功於幾件事。首先是一般民眾對貴族生活的嚮往。如同文藝復興時代的各種宮廷文化、藝術與生活品味，先是在貴族之間流行後，才逐漸擴散到一般民眾的生活中，塔羅牌也不例外。

再者則是從一四九四年起，法國與義大利之間的幾次戰爭，讓塔羅牌從米蘭、皮埃蒙特（Piemonte）等地傳入法國。再加上**印刷技術的發展，不僅帶來了宗教改革，也加快塔羅牌的流行**。漸漸的，不只法國境內能自行製造與生產塔羅牌，更讓它進一步流行到德國、瑞士以及歐洲各地。

以知名馬賽版塔羅牌（Marseille Tarot，見下頁圖表1-4）為例，雖然名為馬賽，但它的起源地是在十七至十八世紀的法國里昂（Lyon）。當時這類型卡牌遊戲在法國相當盛行，據說是因為在港口城市馬賽被大量生產製作，才會以「馬賽」命名。

這一波塔羅牌熱潮，不只出現在里昂及馬賽，後來包括巴黎（Paris）、貝桑松（Besançon）、瑞士（Switzerland）、比利時（Belgium）等地，都開始相繼生產馬賽版與各種衍生版本，並隨著在民間的流傳，加上各種傳說與民間信仰的元素，不同版本在型態上也百花齊放。

在塔羅牌大眾化的過程當中，玩法與用途也益發創新，不只跟賭博扯上關係，也被部分民眾拿來當成占卜工具，甚至影響到教會威信。在十八世紀，教會組織，就曾經以「塔羅牌中的教皇與女教皇形象，冒犯教會權威」為由，下令刪除這些

圖表 1–4
馬賽版皇后。因在港口城市馬賽被大量生產製作，才以馬賽為名。

圖卡；於是，一七七七年在比利時的法蘭德斯地區（Flanders），為了遵守教會的命令，就曾製作過規避教會禁令的「巴克斯版」（Bacchus）塔羅牌。

約十八世紀後期，塔羅牌已經完全從貴族的消遣，轉變為庶民的娛樂，就像鏡隆治在《塔羅牌的祕密》一書中所描述：「至此，塔羅牌不再被視為是上流社會的象徵，反而被認為是一種帶有鄉村氣息的平民文化。」

古埃及起源論與神祕主義

在一七八一年法國大革命前夕時，塔羅牌迎來新的發展。當時正處於基督教威權，與封建主義社會逐漸瓦解的年代，不只是巴黎，整個歐洲都興起了一股將埃及視為智慧與文明根源的熱潮。法國人類學家熱博蘭（Antoine Court de Gebelin），是瑞士出身的傑出學者，曾被法國國王任命為出版物審查官，也是這股風潮下的代表人物之一。

根據立陶宛藝術史學家尤吉斯・巴爾特勞謝蒂斯（Jurgis Baltrušaitis）在其著作《伊西斯的追尋》（*La Quete d'Isis*）一書中描述：「熱博蘭是個擁有探究事物精

神與自由思想的學者，他在法國大革命的醞釀中，扮演了哲學家和經濟學家的角色」，此外，他也是「共濟會」[3]的成員之一，並與神祕主義有著深厚的連結。

在熱博蘭所編撰的巨著《原始世界》（*Le Monde Primitif*）一書第八卷中，收錄了兩篇小論文提及「塔羅牌源自於古埃及」的說法，其中一篇是熱博蘭本人所撰寫，另一篇則是出自梅萊伯爵（Comte de Mellet）之手。根據熱博蘭自己的敘述，他是在一名女性友人家中，看到塔羅牌被當成卡牌遊戲，而當時他深信自己辨識出塔羅牌是源自於古埃及的產物。受到熱博蘭與梅萊伯爵的古埃及起源論影響，塔羅牌逐漸與神祕主義形成深厚連結，但真正將塔羅牌與占卜緊密結合的，是法國占卜師讓－巴蒂斯特．阿利埃特（Jean-Baptiste Alliette，也稱作埃特拉〔Etteilla〕）。

進入十九世紀後，則有艾利馮斯．李維（Eliphas Levi）、保羅．克里斯蒂安（Paul Christian）、帕普斯（Papus，原名為熱拉爾．昂科斯〔Gérard Anaclet Vincent Encausse〕）等法國神祕學的擁護者，將塔羅牌納入魔法與神祕學的體系當中。其中，兼具詩人身分的艾利馮斯．李維，更進一步把古猶太民族的「卡巴拉」與之結合在一起。李維認為二十二張大阿爾克納牌，源自於二十二個希伯來文字，是卡巴拉系統的核心，他更把二十二張塔羅牌，與卡巴拉教義中的「生命之樹」（Etz haChayim）串連，做出一張可互相對應的圖表。

在李維的著作《高等魔法的信條與儀式》（*Dogme et Rituel de la Haute Magie*）中提到：「如果沒有『塔羅牌』，古代魔法系統對我們來說，就是一本無法解讀的書籍，我們也將無法參透『卡巴拉』的真正奧祕。」而李維所追求的目標，則是將經過正確解讀與審定的塔羅牌雕刻成版，然後出版發行，讓更多人接觸。

祕密結社黃金黎明協會

前面說到塔羅牌的系統化發展，始於十九世紀的法國，但說起塔羅牌與神祕主義結合並發揚光大，就不能不提到英國的「黃金黎明協會」（Golden Dawn）。

黃金黎明協會創立於一八八七年，更在一八八八年的倫敦，建立了首座聖殿聚會所，許多歷史上的知名人物都是其中成員，例如詩人威廉·巴特勒·葉慈

3. 一種兄弟會組織，從數世紀之久的歐洲貿易公會發展而來。

（William Butler Yeats）、小說家阿爾傑農・布萊克伍德（Algernon Blackwood）與作家亞瑟・馬欽（Arthur Machen），以及女演員佛羅倫絲・碧翠絲・法爾（Florence Beatrice Farr）等。

在黃金黎明協會的理論中，塔羅牌是展現宇宙秩序的模型，他們認為，可以透過解讀塔羅牌，更加接近宇宙真理。但這個團體中的成員們性格鮮明，很堅持自己的見解，導致協會內部紛爭不斷，後來更分裂成三個以上的小團體，各自擁護不同的理論。最終協會以卡巴拉的生命之樹為核心，納入各種神話體系與神祕學理論，對後代神祕主義的流傳，造成了極大的影響。像是當初黃金黎明協會導入生命之樹與占星學的概念，準備重新建構塔羅牌系統時，就曾經把原本大阿爾克納的「Ⅷ正義」與「Ⅺ力量」兩張牌卡位置對調，成為現在「Ⅺ力量」與「Ⅷ正義」的主流牌卡順序。除了協會曾經根據會內的祕傳手稿，出版過「黃金黎明版塔羅牌」（Golden Dawn Tarot，見圖表1-5）之外，當代流傳最廣的兩個塔羅牌版本，也與黃金黎明協會有關。

版本之一，是一九〇九年出版的「萊德偉特版」（Rider-Waite，見第三十頁圖表1-6）塔羅牌。由在大英博物館擔任圖書館員的亞瑟・愛德華・偉特（Arthur

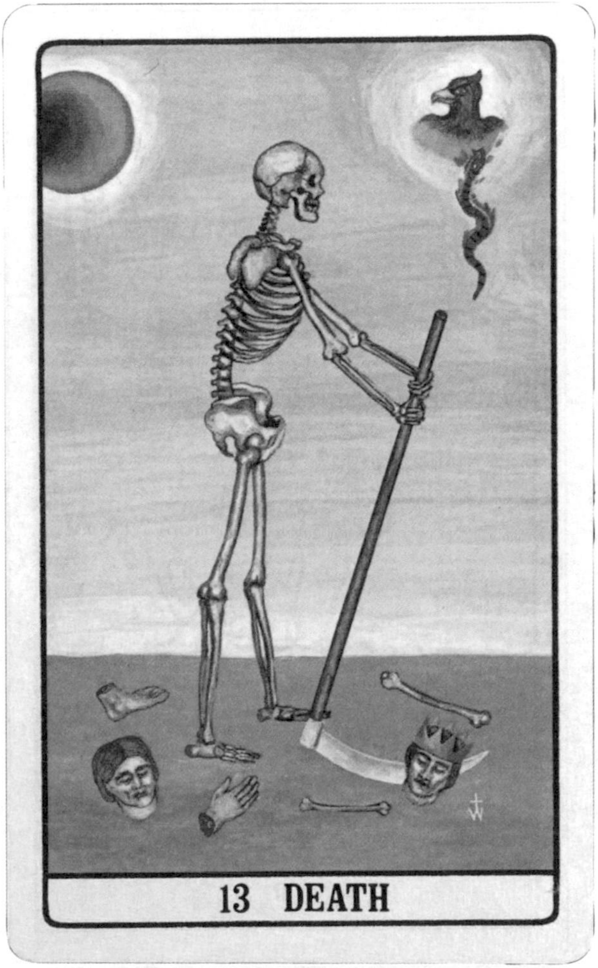

圖表 1–5
黃金黎明版死神，此版塔羅牌是根據會內祕傳手稿製成。

圖表 1–6
萊德偉特版愚者。此版本的特色，在於強化牌面圖像的符號象徵，是塔羅師的入門標配，也是目前主流版本。

Edward Waite）負責監修及內容審定，牌面則是由藝術家帕美拉・科曼・史密斯（Pamela Colman Smith）負責繪製，兩人也是黃金黎明協會的成員。

之所以命名為萊德偉特，是因為這個版本發行之初，係由萊德偉特公司所負責，但近年來也出現幫這副牌正名，取兩位作者名字改稱其為「史密斯－偉特塔羅牌」（Smith-Waite Tarot）的說法。此版本的特色，在於強化牌面圖像的符號象徵，不只豐富了大阿爾克納牌組的牌面元素，更在小阿爾克納牌組的牌面中，加入更多圖像含義。**萊德偉特版**塔羅牌後來在世界各地廣為流傳，**除了是目前塔羅牌的主流版本，也是許多塔羅牌占卜者的入門標配**。

第二個版本則是「托特版」（Thoth Tarot，見下頁圖表1-7）塔羅牌，作者是詩人阿萊斯特・克勞利（Aleister Crowley），他也是黃金黎明協會的成員，曾被譽為是「二十世紀最偉大的魔法師」。這副牌卡的牌面，是由克勞利所主導，透過弗里達・哈里斯夫人（Lady Frieda Harris）之手繪製。托特版塔羅牌融合了早期流傳的馬賽版，以及後來的萊德偉特版，並加入大量克勞利自己的激進想法，呈現出充滿強大能量與詭異氛圍的圖卡牌面。

托特版塔羅牌在一九六〇年代歐美的反文化運動中，贏得許多年輕族群的支

圖表 1–7
托特版倒吊者，卡面充滿強大能量以及詭異氛圍。

持，特別受到硬式搖滾（Hard Rock）及重金屬音樂（Heavy metal）樂迷們的喜愛。例如，舞臺魅力強大的著名歌手奧茲・奧斯本（Ozzy Osbourne），就曾發表過〈Mr. Crowley〉一曲，向克勞利致敬。

二十世紀後的兩大發展關鍵

二十世紀之後，塔羅牌發展出現兩個重要關鍵點，其一是心理學家卡爾・榮格（Carl Gustav Jung），其二是水瓶座時代的到來。

榮格對塔羅牌的影響，主要是人類的「集體無意識」（Collective unconscious）與心理學中的「原型」（Archetypal）[4]概念。集體無意識位在人類意識最深層的地方，是全體人類在數千、數萬年的文明發展以來，所共同擁有的生命經驗與智慧。

集體無意識超越了種族、國家等議題，以神話或傳說等形式存在，因為是普

4. 指同一類型的人物、物件或觀念。

世人類的共同經歷，所以也被榮格稱之為人類的「原型」，而**塔羅牌中的符號與象徵，正隱喻著這些人類集體無意識中的原型，所以不論在哪個時代、哪個地區，都能充分反映出人類不同的課題與情境，而這樣的說法，也獲得現代解讀塔羅牌的人的廣泛支持與認同**，故他們在解讀塔羅牌時，也常透過牌面圖像，對應人類的各種原型進行探索與解釋。

水瓶座時代，則是出自於古代天文學與占星學的理論。因為地球的自轉軸與太陽的運轉軌道（黃道）並不是完全垂直，兩者之間約有二三．四度的夾角，因此每年太陽運轉軌道，穿過天球赤道的時間（春分點），都會有些微誤差，而這個誤差約每兩萬六千年會完成一個循環週期、回到原點。將循環週期平均劃分給十二個星座後，就可推算出每兩千一百年，春分點會移動一個星座。

約莫兩千一百年前，耶穌基督誕生的時代，春分點的位置是在雙魚座上，所以我們泛稱這兩千年為雙魚座時代；大概從二十世紀後半，到二十一世紀間，春分點漸漸進入水瓶座，從那時開始，我們便進入了為期約兩千年左右的水瓶座時代。

有些人相信春分點移動到下一個星座，會改變時代的意義，所以當從雙魚座時代進入水瓶座時代，將會出現明顯變革，例如，人類會擺脫傳統宗教與秩序的束縛、人類將追求更高層次的意識革命等，藉以迎接新時代（New Age）的來臨。

這些運動與思潮前仆後繼，從一九七〇年代的反文化運動開始，到後來追求超越東西方傳統宗教，提倡自我認知與覺察的新時代運動，以及反抗父權的女性主義（Feminism），與自然共生的環境保護運動等新思想、新概念不斷湧現。

這股浪潮，尤其以美國為最，主要因為在此之前，美國長期以「世界最繁榮」的強國自居，但隨著越戰陷入泥淖，種族歧視、環境汙染等問題一一爆發，美國年輕人的心中漸漸出現疑惑與反思，也不斷向內探尋「我們一直以來相信且認同的這套社會邏輯與秩序，真的正確嗎？」於此同時，大概在一九六〇年代後期、反文化運動興起的年代，塔羅牌的發展重心，漸漸由歐洲轉向美國，美國對塔羅牌的接受度也快速提升。

因價值觀的變革，讓塔羅牌得以藉由榮格心理學的解讀方式，被賦予新的意義。自此之後，塔羅牌不僅是神祕主義的象徵，更逐漸成為一種自我啟發與自我反思的工具。不只拿它來占卜算命，更被視為一種「能反映出深層心理」的輔助道具，於是越來越多人開始將解讀塔羅牌用於治療與諮商之中。

專欄　靈數學中的數字祕密

「靈數學」（Numerology）是一種可以用來輔助理解塔羅牌的理論系統，為了幫助各位能從各個角度理解塔羅牌，本書特別邀請塔羅牌研究者兼圖像創作者Izumo Arita，從靈數學的角度，為大家解析這兩者間的祕密。

我們先前在「美術導航」網站上連載「愚者之旅——The Art of Tarot系列文章時，Arita便曾解說與審定這一系列的專欄內容，他曾說過：「歐洲自古以來就存在靈數學，它賦予數字各種不同意義和意象，而塔羅牌也延續了這一個理論。」

靈數學是一門歐洲自古以來所流傳的神祕學體系，相傳是由發明「畢氏定理」的古希臘哲人畢達哥拉斯所建立，後來柏拉圖（Plato）在原先的基礎上延伸與發展，形成今日靈數學的主要架構。所謂的靈數學，是指人們對數字賦予不同概念與定義，用來解釋世間萬物的原理與含義。後來在發展過程中，靈數學又結合了占星術與猶太神祕主義的卡巴拉，並且與生命之樹（見下頁圖表1-8）互相對應，衍生

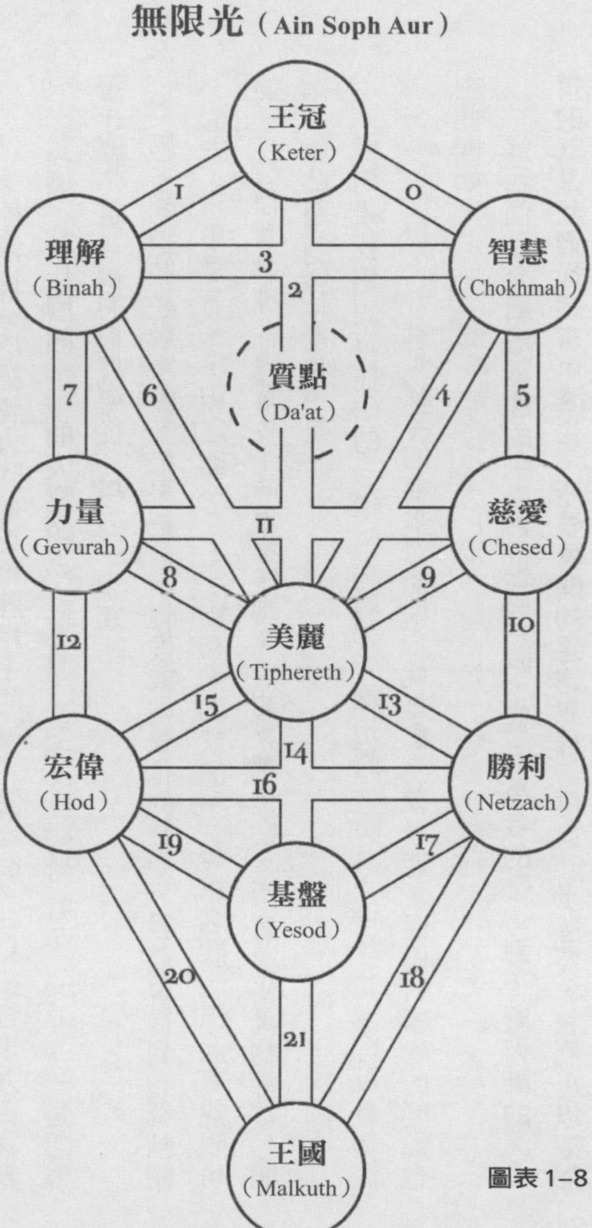
無限光（Ain Soph Aur）
王冠
（Keter）
理解
（Binah）
智慧
（Chokhmah）
質點
（Da'at）
力量
（Gevurah）
慈愛
（Chesed）
美麗
（Tiphereth）
宏偉
（Hod）
勝利
（Netzach）
基盤
（Yesod）
王國
（Malkuth）
1
0
3
2
7
6
4
5
11
8
9
10
12
15
13
14
16
19
17
20
18
21

圖表 1–8　生命之樹

出一套非常複雜的系統，甚至影響到後來的塔羅牌。

以萊德偉特版塔羅牌大阿爾克納牌組中的「I魔術師」（見第五十九頁圖表2-9）為例，為什麼圖卡中的人物頭上，會有一個「∞」的符號？「∞＝一」是想傳達什麼？這背後的根據要從「愚者」說起。

愚者的編號是數字零，如果把數字轉換成視覺化的圖形，我們會得到一個圓圈「○」，它象徵著「宇宙之卵」——宇宙初生的狀態，「無以名狀，但又有無限可能」。○沒有刻度、方位，不論怎麼旋轉，看起來都是○，所有萬事萬物都從○開始，但此時的○什麼也不是。

但如果我們固定住○的一邊，並將另一邊扭轉一百八十度，這個○就會變成「∞」。所以，一就是從零的無限可能中，挑選出一種可能，而所有事物的開端也由此開始。

當我們要介紹塔羅牌的「愚者之旅」時，**從0愚者的○，到I魔術師的∞，指的就是我們從宇宙中降生，所要展開的這趟旅程**。再進一步解釋，我們可以把從○變成的∞，看成是從○當中，劃分出兩個房間，也就是說，在這段演變當中，出現了一個分歧點及兩個不同面向的空間，這兩個空間可以是天與地，也可以是陰與

圖表 1–9 數字的祕密總覽表

	對應生命之樹	在靈數學中的意義
0		尚未開始的狀態；擁有無限可能；宇宙之卵。
1	王冠（Keter）	事物的根源、開端；具有創造某些事物的能力（Matrix，母體）。
2	智慧（Chokhmah）	第一次分歧；出現相對的概念；相對概念的對立、調和；平衡。
3	理解（Binah）	1與2疊加後產生新事物；創造性；整合性；最初的成功。
4	慈愛（Chesed）	安穩的基礎；世界的和諧；3所創造出的事物得以具象化。
5	力量（Gevurah）	積極性；打破停滯的狀態（不論好壞）；人類。
6	美麗（Tiphereth）	調和；樂園；神用6天創造世界。
7	勝利（Netzach）	嶄新的挑戰；從數字6的狀態邁出一步；飛躍。
8	宏偉（Hod）	4的兩倍（極致的安穩）；力量與解釋；死與再生；一個橫跨八度的音階。
9	基盤（Yesod）	完整性；寬容的接受一切；歸納法思考。
10	王國（Malkuth）	1與0的結合；結束；一個循環結束，下一循環開始。

陽等相對概念，再從兩個相對概念，結合對立與調和等相對關係，我們就能組合成無數可能。

當這些相對概念，透過對立與調和等方式產生平衡，這就是數字二的意義。於是，我們把一最初的開端＋二相對概念的平衡就會＝三，三所代表的就是創造性與最初的成功。

把這個靈數學的概念對應到塔羅牌的Ⅱ女教皇，其所隱含的意義，就是由天或神向地面或人們傳遞啟示，表現出形而上與形而下的二元性，對應到Ⅲ皇后，則象徵豐饒，代表藉由創造所獲得的豐盛之意。

回到靈數學的基礎，我們一般把從一到九的數字，稱之為「基本數」（route number），而每一個基本數都有特定概念與定義。雖然各家流派各有不同說法，但我們試著把大家有共識的部分，整理成一個大略表格（見上頁圖表1-9），大家可以對照圖表1-8和1-9，來查對靈數學的基本數與生命之樹間的對應關係。

這些靈數學的基本數，是如何定義出來的？五為什麼代表人類？六為什麼表示樂園？就像前面所說，各家流派、眾說紛紜，其中一種說法是，把數字五轉換成視覺化圖形，我們可以得到「五芒星」（五角形）的圖案，就好像是人類的頭與四肢。順道一提，如果把五芒星的圖案顛倒過來，就像是長著兩支長角的「撒旦臉孔」；在大阿爾克納牌組中的XV惡魔，牌面上就清晰描繪出倒置的五芒星。

把數字六轉換成視覺化圖形，可以得到一個由上三角形△與倒三角形▽所組合而成的六芒星（六角形）。這分別象徵著帶有上升能量的火元素（以上三角形△表示），與帶有下降能量的水元素（以下三角形▽表示），在這邊獲得了調和與穩定，暗喻著祥和的樂園景象。

其他常見的靈數學應用，有奇數代表陽剛、積極的男性特質，偶數代表陰柔、穩定的女性特質等，再把數字結合幾何圖形，就能挖掘出隱藏在數字中的奧祕。

這樣找出基本數

剛才我們簡單說明了靈數學中基本數的概念，但如果數值超過二位數以上，要怎麼推算出它的基本數？方法相當簡單，只要把數值中的每一個數字，都視為獨立的數，並彼此相加，直到最後剩下一個單獨的基本數為止。

例如，我們要怎麼找出一九九五的基本數？首先，把它拆成獨立的數字——

一、九、九、五，再彼此相加：一＋九＋九＋五＝二十四。但是二十四仍然不是基本數，所以把二和四拆開，再相加一次得到二＋四＝六，就可以知道一九九五這組數值的基本數為六。只要知道這套方法，不管數值為多少，都可以推算出基本數。

這跟塔羅牌有什麼關係？以十一這組數值來看，我們同樣透過一＋一＝二的方式，得出它的基本數是二，所以十一這組數字，不只具備了奇數陽剛、積極的特質，同時也兼具二的元素，只要進一步對照圖表1-9，就能在其中發現「平衡」這組關鍵字，結合這兩組關鍵字的特質，就能得出此寓意：從安穩中再出發。

接著，我們來看一下托特版塔羅牌的「XI力量」（見第一四二頁），牌面上的主題是人類與野獸，象徵著人性與獸性的融合。Arita說：「二代表平衡，也具有對立與協調的相對性，再加上十一是奇數，具備積極、有活力特質，把兩者相加形成力量，解釋起來是不是很合理呢！」

靈數學除了透過數值相加求得基本數，還有其他不同應用方法，例如，分解一組數值，或利用加法與乘法來發掘數字的奧祕，甚至只要加上生命之樹的概念，就能讓我們在解讀塔羅牌時，發現更多隱藏的祕密。以編號十一的XI力量牌來說，十一可以分解成十＋一，十是一個循環的結束，而一是一個循環的開始，所以十一暗示著「進入第二個循環」，當我們要解釋塔羅牌的「愚者之旅」時，就可以說XI力量牌是第二圈的起點。

此外，在塔羅牌的意象中，我們也常常會發現有關三的暗示，因為這個數字具有創造性與新事物的整合等概念，對於其他基本數來說，只要遇到三，就會有加成效果。例如，基督教中的神聖數字七，因為上帝用六天創造了世界，並在第七天休息，所以七在圖表1-9中，可以看到「飛躍」這個關鍵字，暗示著「往下一階段邁進」。這時，我們將神聖數字七與基本數三相乘，會得出二十一，這正好是塔羅牌中「愚者之旅」的終點——XXI世界，象徵著我們經過了三個階段的課題與洗禮，從最初「α」（Alpha）到最終「Ω」（Omega）都得以整合，進而獲得了「無限的創造力」。

有趣的是，把代表人類的五，經過三階段的洗禮，得到十五這組數字；而在塔羅牌中，十五號牌竟然是「惡魔」，為什麼會這樣？我們先賣個小關子，在後續XV惡魔牌中，將更進一步說明（見第一六八頁）。

在靈數學中，除了基本數之外，還有「大師數」（Master numbers）。使用靈數學分析的人，通常會把一組相同的基本數視為「大師數」，例如「十一」或

「二十二」等。十一代表啟蒙之師、靈感的使者，象徵著一名引導靈魂，並嘗試解決世界問題的人；而二十二則代表卓越的建構者，亦即擁有藍圖與執行大型計畫所需要的想像力與執行力，而塔羅牌的大阿爾克納牌組，正是由二十二張牌組成。

此外，靈數學還可以跟希伯來字母代碼（Gematria）結合，將基本數對應到希臘文與希伯來文的字母當中，作為隱藏的寓意或密碼來使用。例如《啟示錄》（*Book of Revelation*）中描述，在末世出現、帶來災禍的野獸身上被標記了六六六這組數字，如果透過轉化與解譯，就會得到「尼祿」（羅馬皇帝）一詞，是在暗喻批評暴君作為。

靈數學發展到近代，出現各式各樣不同應用方式，不論是基本數的相加、相乘，甚至用轉譯的方式暗藏密碼等，都是後世靈數學發展的概念之一，也是許多現代占卜學的基礎。

第 2 章

大阿爾克納與愚者之旅

0 愚者
The Fool

什麼都是，也什麼都不是的愚者，可能是塔羅牌的主角？單純、擁有希望與無限可能……或魯莽、缺乏經驗、無知。

在二十二張大阿爾克納牌組中，我們第一個要介紹的是「愚者 The Fool」。這張牌可說是充滿謎團。

首先是它的編號，在不同版本中，愚者有許多不同的標示，例如，萊德偉特版的愚者標示0，馬賽版卻沒有任何標記。又比如在某些版本的塔羅牌中，愚者被放在整副大阿爾克納牌組中的最後一張（也就是第二十二張牌的位置），而在某些版本中，愚者又被擺在第一張（也就是編號I的魔術師之前）。甚至在另外一些版本的牌組中，它根本不算是大阿爾克納牌組的一員，而是被當成額外附加的牌卡。

可以是初衷，也可能是結果

以剛剛提到的馬賽版為例，此版本有兩張特殊牌，一張是沒有標記編號的愚者（見第四十九頁圖表2-2），另一張則是牌卡名稱不在牌面正常位置上的死神，或許其中隱藏了什麼重要的關鍵祕密，我們不得而知。但不在編號內的愚者，其實暗喻「超越塔羅牌中大阿爾克納牌組的存在＝什麼都是卻也什麼都不是」，它更暗示著「擺脫編號的限制」，不在既有的數字框架內，因此延伸出「大阿爾克納，是愚者的奇妙旅程」這種說法。

在本書中，我們也採用「愚者之旅」的解讀方式，來詮釋整副大阿爾克納牌組。亦即這位「什麼都是、也什麼都不是＝單純、無經驗」的**愚者，經歷了Ⅰ魔術師，到XXI世界的旅程後，從無到有、完整了自己，然後反璞歸真、再次成為擺脫限制的初始狀態，再次踏上下一個輪迴**。愚者在旅途中所經歷的一切，無論是真實或虛幻，可能都只是一場夢境。

在愚者牌的圖像元素中，一般來說會有一個人手持木杖，木杖的一端掛著行囊

（包袱），身上裝飾著鈴鐺，身旁則有一隻彷彿是狗的小動物。有些人把解讀的重點放在行囊上，**猜測行囊可能暗喻希臘神話中的潘朵拉之盒，打開後會有滿滿的絕望與希望**；有些人則推測愚者身上的鈴鐺，諭示著引領靈魂前進的方向，在這趟旅途中，他將經歷無數次的輪迴與轉生；又有些人會把重點放在身旁的小動物，猜想這隻動物是旅途中的盟友，或是暗藏威脅的敵人。

雖然這張牌卡的名稱「The Fool」看似單純，但也因此有許多不同的詮釋方式，以至於各家各派都會依照自己的解讀，來選擇想要強調的牌卡概念或意象，進而造成圖像呈現上各有不同。以下，我們將從幾個不同版本的愚人，簡單說明這張牌的意義。

以萊德偉特版來說（見圖表2-1），它所強調的是「The Fool＝愚笨者」的形象，所以在牌面上可以看見陽光下，一名看似無憂無慮的年輕人仰頭看著遠方，完全不顧腳下，也沒注意到自己正站在懸崖邊，一副不知危險將至的樣子，而腳邊的動物好像在提醒他注意前方的危機、又像是起鬨著跟他胡鬧。

以黃金黎明版來說，由於這個版本是根據黃金黎明協會的教義所繪製，所以在牌面的呈現上與萊德偉特版完全不同。黃金黎明版愚者（見第五十一頁圖表2-3）所

圖表 2–2
馬賽版愚者，愚者不在編號內，延伸出「大阿爾克納，是愚者的奇妙旅程」的說法。

圖表 2–1
萊德偉特版愚者，強調愚笨者的形象。

要強調的是「單純、不諳世事＝Innocent」，所以它選擇用幼兒當作牌面主角，傳**達哲學中「無知之知」的謙卑與開放態度。**

是小丑還是鬼牌？

另一種關於愚者的詮釋，就是「喪失理智者」。我們在「和平之母塔羅牌」（Motherpeace Tarot，見第五十二頁圖表2-4）中，可以看到類似的呈現。牌面上的愚者彷彿吃了什麼奇怪的蘑菇，或是嗑藥一般，整個圖像帶有迷幻感。

而另一些人則會把愚者，與撲克牌中的鬼牌（Joker）做聯結，例如日本知名的漫畫家魔夜峰央，曾經繪製過一套「魔夜峰央塔羅牌」（見第五十三頁圖表2-5），其中就把愚者的形象與鬼牌形象結合在一起。其他版本塔羅牌的愚者，還包括「不顧社會眼光的酒醉大叔」，或「馬戲團小丑」等，都是創作者自行賦予愚者的詮釋。

有些塔羅牌研究者，還會從天主教的《舊約聖經》〈多俾亞傳〉（*Book of Tobias*）

中，援引「多俾亞與天使」（*Tobias and the Angel*）的故事，用來解釋愚者之旅。

故事描述一位單純又不諳世事的少年多俾亞（Tobias），受到父親托彼特（Tobit）的要求，踏上收取債務的旅程。途中，神為了回應父親托彼特的禱告，特別派遣大天使拉斐爾（Raphael），以年輕人阿匝黎雅（Azalea）的形象出現，與少年多俾亞同行。最後，多俾亞在阿匝黎雅及族中長輩的引導與建議下，成功收回

圖表 2–3
黃金黎明版愚者，以幼兒當主角，傳達哲學中「無知之知」的謙卑與開放態度。

債款，不只在旅途中找到廝守一生的伴侶，還治好了父親托彼特的眼盲。少年多俾亞藉由這趟旅程，成長為獨當一面的大人。

文藝復興時代有一幅著名的畫作〈多俾亞與天使〉（*Tobias and the Angel*，見第五十四頁圖表2-6），畫中所描繪的就是這個故事，少年多俾亞正要展開一段自己都不太有信心的旅程，他手上拿著魚、身邊帶著一隻白狗，彷彿就是塔羅牌中的愚者；就連他身邊的大天使拉斐爾，也與塔羅牌的XIV節制相仿。

在比如馬賽版等一般塔羅牌的形象中，愚者都是一名單純的年輕人，拿著手杖、帶著一隻小狗，但黃金黎明版的則有不同解釋。其牌面上是一名試圖摘下樹上果實的幼兒，而身旁動物則靜靜注視著幼兒的一舉一動。如果對《聖經》故事稍有

圖表 2–4
和平之母版愚者，圖像帶有迷幻感。

了解，便能發現這個畫面似乎在暗示伊甸園，幼兒在腳邊動物的勸誘下，如同亞當與夏娃一般，準備摘下善惡樹的果實，如果大家接受這個說法，那對愚者身旁的這隻動物，是不是會多了一層有關「蛇」的聯想，於是，關於「原罪」、「因果報應」（業障）、「失樂園」等概念，也能用來解釋這張牌，當我們再回頭看馬賽版的愚者時，他身邊那隻動物，是不是正在籌劃著什麼陰謀？

圖表 2–5

魔夜峰央塔羅牌，與鬼牌形象相結合。

介紹了這麼多種有關愚者牌的詮釋，其實我們在占卜時，也可以從不同面向與角度來解讀這張牌的牌義。從正面角度來看，我們可以解讀成希望的起點、具有無限可能；從負面角度來看，則可以看作為魯莽、缺乏經驗，但不論切入點為何，**這張牌都象徵著尚未開始的全新狀態，也就是一切的起點**。

此刻的我們，就像是愚者一般，拿著塔羅牌，正要一同踏上這夢境般的旅程。

圖表 2–6
菲利皮諾・利皮（Filippino Lippi）創作的〈多俾亞與天使〉，華盛頓國家藝廊（National Gallery of Art）館藏。

I 魔術師

The Magician

才華洋溢卻虛華浮誇的魔術師。萌芽與開端、年輕、展現技巧、充滿創造性……或不可靠、未臻成熟、賣弄小聰明。

在前面的章節中，我們說把二十二張大阿爾克納牌組串連起來，這個探索過程可以稱之為愚者之旅。那愚者會以什麼樣的姿態，踏足塵世？沿著塔羅牌的順序，將來到編號 I 的「魔術師 The Magician」。

充滿無限可能，但需要累積更多經驗

在諸如馬賽版等一般塔羅牌的形象中，魔術師的牌卡元素包括：一位不知從何而來的年輕人，在街邊放了一張三腳桌，桌上擺滿了一些不知用途的道具或工具，

圖表2–7
馬賽版魔術師，一個年輕人在街邊放了一張三腳桌，上面擺滿各式各樣道具，他正試圖透過巧妙手法，吸引路人。

他正試圖透過巧妙的手法，吸引往來路人們的注意（見圖表2-7）。雖然他所展現出來的技巧，偶爾讓人嘆為觀止，但總有些地方讓人覺得可疑，彷彿是一種騙術或障眼法。而類似同樣形象的職業，還有街頭藝人或路上的小販等，他們總是突然出現，又旋即離開、不知去向。

這有點像日本民俗學者折口信夫所提出的稀客理論：在古代的神話或民間傳說中，總有一些從不知名的異地遠道而來，帶來一些知識或訊息的神聖來訪者。

有些版本的塔羅牌，特別著重愚者之旅的降臨概念，強調愚者是從某個不知名的地方，以魔術師之姿降臨塵世（人間），代表他有連接這兩個世界的能力，就好像是可以溝通神祕世界與人類社會的薩滿一樣。

在和平之母塔羅牌中（見圖表 2-8），可以在牌卡上看見一名全身穿著豹紋服飾的年輕人，外型有如搖滾巨星米克・傑格（Mick Jagger），他能自由穿梭在自然、野性的世界，也能在人類世界暢行無阻，感

圖表 2–8
和平之母版魔術師，自由穿梭在野性的世界，也能在人類世界暢行無阻，並利用詭異行為造成騷動。

覺就像西方民間故事中，喜愛惡作劇的妖精——搗蛋鬼（Trickster）一樣，利用詭異的行為造成騷動。這張牌的紅、棕、綠、金四色背景，則象徵著火、土、水、風四大元素。

有些版本的塔羅牌，則是依循靈數學的理論，強調第一張牌從〇到∞的過程，例如萊德偉特版的魔術師（見圖表2-9），頭頂上就有一個∞的符號，而馬賽版魔術師頭上的大帽子，外型也與∞相似。

托特版塔羅牌的魔術師牌更為抽象（這張牌是由克勞利所命名，他稱之為「The Magus 魔術師」，見圖表2-10），牌面中人物的表情似笑非笑、讓人難以捉摸，整張牌看起來既不屬於現實世界，也不屬於超現實世界。比起和平之母塔羅牌中的搖滾巨星形象，托特版塔羅牌的更像個搗蛋鬼，他跨足未知與現實兩個世界，卻又不屬於任何一方，面目模糊又恣意放縱。

托特牌會強調魔術師的這種特質，其實一點也不讓人意外，畢竟對這張牌而言，從正向角度解釋，擁有開端、年輕、充滿創造性、展現才華（技巧）等特質；從負面解釋切入，則有虛華浮誇、不成熟或不可靠與賣弄小聰明等，都是對此牌常見的詮釋。

圖表 2–10
托特版魔術師，跨足未知與現實兩個世界，卻又不屬於任何一方，面目模糊又恣意放縱。

圖表 2–9
萊德偉特版魔術師，頭頂上就有一個∞的符號，強調第 1 張牌從〇到∞的過程。

你知道如何理解這個世界嗎？

前面說，在魔術師的桌面上，擺滿了各種道具與工具，具體有哪些東西？以萊德偉特版為例，桌面上有象徵火元素的權杖、風元素的寶劍、水元素的聖杯，以及土元素的金幣。沒錯，這些是自古希臘以來，被視為構成世界的四大元素，換句話說，魔術師透過這四大元素（工具）來理解世界，並將之展現在人們眼前。這也暗示，如果魔術師不藉由這些道具來洞悉構成這世界的真理，他就無法發揮他的能力，亦即無法靠自身力量觸及世界真理，整體仍不成熟。再者，如果我們仔細端詳馬賽版，會發現牌面上的桌子只有三支腳，並不是一個穩定的狀態，這表示距離成熟或安心，還有一段相當遙遠的距離。

回到愚者之旅，我們知道魔術師是愚者降臨真實世界的姿態，如果大家同意這個說法，應該也能接受魔術師桌面上的這些工具，原本應該裝在愚者的行囊中。如此一來，當我們在巴黎塔羅牌（Tarot De Paris，見圖表2-11）的魔術師牌卡上，發現圖案下方的那隻小狗，便能推測牠可能就是愚者身旁的那隻小動物，唯一不同的是，在巴黎塔羅牌的版本中，是一群魔術師七手八腳的從行囊中取出工具，並且研究使用方法，感覺他們正試圖理解世界，而牌面上所暗喻未臻成熟的意象又更為明顯了。

圖表 2–11
巴黎版魔術師，一群魔術師七手八腳的從行囊中取出工具，並研究使用方法，未臻成熟的意象更為明顯。

大家回想一下，在黃金黎明版的愚者牌（第五十一頁）中，我們曾經推測牌面上的幼兒就像亞當與夏娃，因為吃了一顆不曉得是知識樹，還是善惡樹的神祕果實，因而被神逐出伊甸園，不得已流落貧賤苦難的塵世，展開新旅程。但這名單純、什麼也不是的愚者被逐出樂園時，並不是被裸身流放，在他的行囊中，仍擁有火、土、風、水（構成世界的四大元素），幫助他展開旅程，就像遊戲中的新手工具包，讓降臨在塵世的魔術師，能有機會生存下來，也擁有一切的可能性。

降臨塵世的魔術師，一邊在街頭表現自己所擁有的技巧，一邊試著融入人類生活，雖然他仍不成熟，偶爾還會有點得意忘形，但他依舊不斷在努力磨練自己。

愚者，已踏出旅程的第一步，自己能做什麼？之後又會經歷什麼？一切還是未知數。

Ⅱ 女教皇

The High Priestess

美麗且神祕的女性。
虔誠、純潔、智慧、藝術性的直覺、具洞察力……或自負、孤高、年輕稚嫩不成熟。

Ⅰ魔術師是0愚者踏足塵世的化身，他（或她）在這個階段，獲得了旅途所需要的一切技巧，下一步又要面對什麼樣的事情？在此登場的是「Ⅱ女教皇 The High Priestess」。

歷史上沒有女教皇，竟然出現在塔羅裡

女教皇這張牌出現在塔羅牌裡，其實有點不可思議，畢竟在天主教的歷史中，並沒有出現過任何一位女性教皇。

為什麼要特別安插這個不曾存在於歷史上的角色？從這個角度來探索，或許就是我們解開女教皇之謎的關鍵之一。

雖然在天主教的歷史中，並沒有女性教皇，但是天主教曾經出現過不少聖女，例如，京都的聖阿格尼絲座堂，正是用聖女阿格尼絲（Agnes of Rome）的名字來命名，其他還有著名的聖女貞德（Jeanne d'Arc）等。

在眾多聖女與女性形象當中，有兩位女性較接近女教皇，一位是十二世紀，在神聖羅馬帝國受人尊敬的萊茵河女先知——赫德嘉・馮・賓根（Hildegard von Bingen），據說她在四十幾歲時，獲得了靈視力，能看見未來徵兆，被人們稱為女預言家。其後她不僅以寫作和繪畫的方式，描述自己的靈視經歷，還為信仰創作了戲劇，並一手包辦劇中的作詞、作曲；甚至還是德國藥草學的始祖。後世也因為她的多才多藝，將她喻為「中世紀歐洲最偉大且最聰明的女人」。

另一位則是出現在民間傳說，據說她喬裝成男性進入修道院，最後一路登上教皇之位，名為女教皇約漢娜（或瓊安〔Joan〕、喬安〔Joanne〕），民間甚至還流傳著這位女扮男裝的教皇，曾經在遊行慶典中誕下一名嬰兒。不論塔羅牌中的女教皇是以哪一位作為藍本，在這張牌中，都隱含著充滿知識與智慧的預言者或藝術家等意思。

在許多版本的女教皇牌中，她手上都會拿著一份文件或捲軸，上面寫著妥拉（TORAH）。如果從易位構詞遊戲（Anagram）[1]的方向來推測，妥拉很可能是塔羅（TAROT）的古稱「TAROH」重組而成的意象；但也有可能是指猶太教的律法／教導，也就是《摩西五經》（*Pentateuch*）。換句話說，我們可以推測女教皇拿著妥拉，是在暗示她從神的手上獲得了智慧，又或是她手上的書，掌握了塔羅牌的祕密，而她的使命就是透過直覺的理解，將書中的知識與智慧傳遞到全世界。如果從傳達神諭的觀點來看，女教皇似乎也跟日本巫女的形象有點接近。

英國有一名專門研究榮格的心理學家薩莉・妮可斯（Sallie Nichols），在她的著作《榮格與塔羅牌》（*Jung and Tarot*）中提到：「天主教〈聖母領報圖〉（*Annunciation*）的畫作中，在描繪馬利亞（Mary）接受天使加百列（Gabriel）報

1. 將組成一個詞或短句的字母重新排列順序，構造出另外一些新的詞或短句，例如，earth（地球）重新排列後則為heart（心）。

訊時，她手邊多半會有一本打開的書，這本書象徵著『預言之書』，預告她將懷有上帝之子的命運。」而且，**女教皇的形象也跟榮格所提出的「阿尼瑪」（Anima）有關，榮格口中的阿尼瑪，是男性心中的女性原型，兼具神祕與美麗的特性，概念上也近似女教皇。**

綜合以上推測，當我們再回頭看馬賽版塔羅牌中的女教皇（見圖表2-12），她在膝蓋上也放了一本攤開的書，而在黃金黎明版中（見圖表2-13），孕育神之子的氛圍又更加明顯。此外，還有另一派則認為，女教皇與埃及女神伊西斯（Isis）有關。

Ⅰ魔術師與Ⅱ女教皇是一組？

有些研究者會把Ⅱ女教皇與Ⅰ魔術師看成一組，從這兩張牌的相對性來說，魔術師代表男性、女教皇則代表女性；魔術師代表掌握技術與技巧，女教皇則象徵智慧的直覺。相較於魔術師的虛華浮誇與超現實，女教皇則散發出一股虔誠的光芒，在維斯康提版塔羅牌（見第六十八頁圖表2-14）中更是如此。

我們在前面的章節曾說過，目前在西方流行的靈數學，傳說是源自於猶太教的

圖表 2–13
黃金黎明版女教皇，手中的書，象徵預言之書。

圖表 2–12
馬賽版女教皇，膝上放有一本書。

圖表 2–14
維斯康提版塔羅牌，女教皇散發著虔誠的光芒。

神祕學卡巴拉。如果我們用靈數學的觀點來分析這兩張牌，可以歸納出Ⅰ是奇數的第一張牌，隱含著陽剛與積極的特性；Ⅱ是偶數的第一張牌，藏有陰柔與被動的形象。女教皇這種相對於陽剛與積極的特質，我們在韓國藝術家 Kwon Shina 所繪製的**夢想之路塔羅牌**（Dreaming Way Tarot，見下頁圖表 2-15）**或萊德偉特版**（見下頁圖表 2-16）**中都能看見，牌面特別強調出月亮的元素，而月亮是被動反射出太陽的光芒，展現出陰柔特質**。

此外，萊德偉特版在女教皇牌中，還特別強調了男女融合又相對的意象，可以從女教皇背後的壁毯上看出。壁毯上的棕櫚樹，象徵男性；石榴圖案則象徵女性，搭配不曾存在於歷史上的女教皇牌，或許也暗示著，愚者之旅必須體驗不同性別特質，才能完成相應課題，邁向下一階段。

從同質性來看，魔術師與女教皇的共同點都是年輕，所以同樣有經驗不足、輕狂、不成熟的含義，正面解讀可以說是有潛力，但從負面角度來看，則讓女教皇牌出現神經質、嚴厲且固執的形象。所以我們說孤高也是女教皇的特色之一，例如二十世紀中葉，早逝的法國哲學家西蒙·韋伊（Simone Weil），她既聰明又冷漠，堅信自己的理念且嚴謹自律，讓人難以親近，這就有一點女教皇牌的味道。

圖表 2–16
萊德偉特版女教皇，壁毯的棕梠樹與石榴，強調男女融合又相對的意象。

圖表 2–15
夢想之路女教皇，強調月亮元素，展現陰柔特質。

從上面這些線索，我們可以延伸出關於女教皇的一些關鍵字：她忠實的守護信仰，極力傳達信念給社會大眾，願意為所相信的事情奉獻自己。只要你是她願意相信的人，不管你是具有強烈個人魅力的經營者，有獨特見解的學者或哲學家，甚至是獨具風格的藝術家，她都願意在你身邊付出一切，成為這些人的優秀女祕書。

當我們把魔術師與女教皇看成是人生必經的階段，旅途至此，愚者已經學習到魔術師的技巧與技術、女教皇的智慧與直覺，儘管這些能力，可以讓愚者靠自己的力量繼續向前，卻還是無法完全獨立，仍有磨練空間。無論如何，那位單純的愚者，似乎正在這個世界上，一點一滴累積著各種寶貴經驗。

Ⅲ 皇后
The Empress

如同偉大的母親一樣，孕育並且包容一切。
豐潤、多產、創意豐沛的……或過度保護、情緒勒索。

旅程至此，已學習到魔術師的技巧與技術、女教皇的智慧與直覺，之後即將出現的是「Ⅲ 皇后 The Empress」。

有些人可能會納悶，怎麼愚者之旅裡面出現的，不是女教皇就是皇后，都是一些看起來很了不起的角色，完全看不出來是一趟輕鬆愜意的旅途。但是，我們的人生就像RPG（角色扮演）遊戲一樣，本來就充滿挑戰與冒險，根本沒有機會讓我們悠哉閒晃，或在名勝古蹟走馬看花，而是要像遊戲主角一般，藉由不斷轉換職業與身分，闖過人世間的考驗並提升經驗值，所以在愚者之旅中所出現的角色，不論是Ⅰ魔術師到Ⅳ皇帝，都是愚者在降臨人世間後，所經歷的各種境遇。我們也可以解讀為，**愚者之旅是一名單純、不諳世事的年輕人，逐漸成為成熟大人，也是他尋找自我的心靈之旅。**

皇后是偉大的母親

重新回到皇后牌，我們先前根據靈數學的觀點，說奇數的一帶有男性特質，也是一切事物的開端；偶數二則是女性特質，帶有被動的含義。當我們把一跟二相加，就會得到皇后牌的編號三，亦即某些新事物的誕生，所以無論是哪個版本的皇后，在圖面上都暗示豐收、多產、創意豐沛，例如馬賽版的皇后，拿著錫杖指向自己的子宮（見下頁圖表 2-17）；夢想之路塔羅牌則乾脆畫出了一名懷有身孕的年輕女性（見下頁圖表 2-18），皆暗指「誕生」這件事。

這種形象，跟我們前面介紹女教皇時，好像有一點重疊，最大的差異在於，**皇后牌整體色調較溫暖，散發出柔和且幸福的氛圍**；女教皇牌則偏冷色調，給人嚴肅自律的感覺。

皇后牌的暖色調，讓人聯想到古埃及的農耕女神伊西斯，她也象徵著豐收和豐

圖表 2–18
夢想之路皇后，懷有身孕的女性，暗指誕生。

圖表 2–17
馬賽版皇后，拿著錫杖指向子宮，有誕生之意。

饒；如同我們在女教皇牌曾說過，有一派說法認為女教皇與埃及女神伊西斯有關，換句話說，皇后與女教皇，是伊西斯所呈現的不同面向。

萊德偉特版塔羅牌的作者A·E·偉特，以及托特版塔羅牌的作者——被譽為二十世紀最偉大的魔法師——阿萊斯特·克勞利的著作《托特之書》（*The Book Of Thoth*）中，都一致認為伊西斯與女教皇牌有關聯。

圖表 2–19
托特版皇后，其創作者認為此牌與伊西斯有關。

圖表 2–20
萊德偉特版皇后，身處富饒的大自然中。

作家伊登・格雷（Eden Gray），曾出版過被視為是萊德偉特版塔羅牌標準教材的《完全解析塔羅牌》（*A Complete Guide to the Tarot*），並在美國被譽為「塔羅牌占卜師之母」，她在《完全解析塔羅牌》一書中曾提到：「女教皇是戴著面紗的伊西斯，而皇后則是脫下面紗的伊西斯。」女教皇象徵潛意識的小宇宙處於尚未開發的狀態；而皇后則代表我們的潛意識已獲得啟示，進而實際具有生產力和創造力。

所以我們可以看見，在萊德偉特版的皇后牌中（見圖表2-20），皇后身處於富饒的大自然，身穿寬鬆連身洋裝，悠閒的坐在豪華椅子上。與伊西斯女神頭上象徵「王權」的寶座造型頭飾，有異曲同工之妙。甚至我們也可以解釋成：**女教皇是天主教當中的聖處女，而皇后則是聖母，並且還可以連結掌管愛的女神——維納斯的形象**。

母親再怎麼偉大，也不可能零負評

如果大家都接受了皇后牌的母親形象，應該就不難理解和平之母塔羅牌中（見下頁圖表2-21），皇后牌的主角是以一位帶有民族風的女性，而在她的上方，出現類似日本繩文時代的地母神土偶，甚至在這張牌中，我們可以很直覺的發現母性＝大地＝自然。人們習慣把母性與大地豐收的概念相互連結，就如同全世界都流傳著大地之母（Great Mother或Mother goddess，又譯大母神、大地女神等）的傳說一般，就算本身並非天主教教徒，人們也能普遍接受聖母或神聖女性的概念。

雖然我們沒有辦法將所有版本的皇后牌意象介紹給各位，但是在大多數版本中，皇后牌所描繪的母親形象都特別鮮明，甚至有些版本乾脆讓皇后把小孩抱在身上，暗喻著她慈愛的擁抱所有生命，就如同大地之母用滿滿的愛來包容一切事物。

但世上一切萬物都有正面與反面，就像塔羅牌也有正位與逆位之分。

皇后牌中的頭冠與她手上的錫杖，不只告訴我們她是偉大的母親，也在警告我們，她擁有強大的權力，可能會影響我們的人生，有些狀況要特別小心。

圖表 2–21
和平之母版皇后，人物上方有地母神土偶，可以聯想母性＝大地＝自然。

如同榮格心理學中的原型概念，母親，不只代表「給予滿滿的愛，珍惜自己的孩子」，同時也隱含著「強大的控制慾、過度保護，甚至吞噬孩子人生，強加束縛給孩子」等概念。這就像日本民間傳說中的鬼子母神，因為過度疼愛自己的小孩，不惜犧牲或傷害別人的孩子。許多文化中都有類似傳說或故事。

那位單純的愚者，在尋找自己的心靈之旅中，不僅培養出技巧與智慧，甚至迎來富饒的豐收，更試圖創造出新事物，一切看似相當順利，但由於Ⅲ皇后與Ⅳ皇帝也是一組具有相對性的牌組，所以接下來介紹的皇帝牌，讓愚者的旅途有更深入的進展。

Ⅳ 皇帝

The Emperor

充滿威嚴與自信的領導者。權利、秩序、安穩、強大的生命力……或自以為是、恃強凌弱、四肢發達。

愚者在經歷過魔術師、女教皇與皇后等各種身分的考驗後，終於來到「Ⅳ皇帝 The Emperor」，這張皇帝牌散發著威嚴與自信，手中握有秩序與權力。

如同Ⅰ魔術師與Ⅱ女教皇一般，Ⅲ皇后與Ⅳ皇帝也是一組具有相對性的牌，皇后象徵母性，皇帝是代表父性；皇后象徵自然的豐饒，皇帝則代表世俗的權力，但是對照這兩張牌，其實可以發現細節有許多可以呼應的地方。

以馬賽版中的皇后牌（見第七十四頁圖表2-17）與皇帝牌為例，首先我們會發現，這兩者的視線方向不同，馬賽版的皇后看著牌的右方，皇帝則是朝向左邊（見第八十二頁圖表2-22），兩者的視線前方，究竟有什麼？有一種說法是，在分辨男、女，父、母之前，我們都必須先是個人，才會有性別，這兩張牌所注視的，正是那個最原始的人性。

掌握世俗權力的偉大領袖

另外值得注意的是，在馬賽版的這兩張牌中，都出現了盾牌，皇后牌的在左邊，被皇后拿在手上，皇帝牌則放在牌中右下角、皇帝腳邊。盾牌上繪有老鷹圖案，牠和牌中的皇帝與皇后一般，一隻看向左側，另一隻看向右側。有人說在皇后牌中的是雄鷹，而在皇帝牌中的是雌鷹，再加上皇后手中的錫杖、與皇帝手中綴飾著珠寶的權杖；皇后頭上象徵高貴與品德的王冠；皇帝頭上象徵絕對權力與武力的頭盔，這兩張牌組的相對性不言而喻。就算換成托特版（見下頁圖表 2-23），我們也可以發現其中明顯的對比：皇后以藍色調為主（見第七十五頁圖表 2-19），而皇帝則以紅色調為主。

再者，代表陽剛與男性的奇數三，被用在皇后牌的編號上，代表陰柔與女性的偶數四，則被用在皇帝牌的編號上，在這一組牌中，我們可以發現大量陰陽、男女

圖表 2–23
托特版皇帝，和皇后牌成對比，以紅色調為主。

圖表 2–22
馬賽版皇帝，臉朝左側，在看什麼？

等二元意象交錯的元素被應用在牌面上，後面將會更進一步說明。

融合男性與女性特徵

在皇后與皇帝這組牌中，我們發現許多男性特質，與女性特質交錯融合出現，這有什麼特別意思嗎？

其實人類的性別並非如此的純然與絕對，從哲學角度來看，男性也存在著部分女性特質，就像女性也擁有部分男性特質一般。

如同法國小說家奧諾雷．德．巴爾札克（Honoré de Balzac）的小說《撒拉菲塔》（*Séraphîta*）中所描述，有一名同時具有男性與女性特質的角色——撒拉菲塔（撒拉菲特斯），這個雌雄同體的人物，在小說中是個搗蛋鬼。另外在某些密教法門中，認為男與女之間必須透過雙修（結合），才能達到真理與覺悟的境界，這些論點都是不同派別之間，對於性別或陰陽調和的闡述方式。

又以和平之母塔羅牌來說（見下頁圖表2-24），由於此版本受到女性主義的強烈影響，所以在這個版本的皇帝牌中，更是毫不隱藏的強調了皇帝有一對隆起的乳房，完全展現出陽性的皇帝牌也有女性的性特徵。

討論這麼多關於皇后與皇帝牌的呼應與對比，但只有一處，是**皇帝牌獨有的特徵——翹腳**。許多版本的皇帝牌中都會出現翹腳姿勢，這個姿勢在托特版塔羅牌中最為明顯，皇帝交叉的雙腳就像是數字四。

自古以來在靈數學當中，數字四隱含著相當重要的意義，例如古希臘認為，世界是由火、土、水、風四大元素構成；我們在判斷方位時，也會用東、南、西、北四個方位作為指標；一年

圖表 2–24
和平之母版皇帝，受女性主義影響，皇帝擁有一對乳房。

當中有春、夏、秋、冬四個季節，**數字四，幾乎代表了地球及整個世界的秩序**。

除此之外，在古代天文學的天動說[2]理論中，太陽系最大的行星木星排行第四（天動說的行星排列不含地球），所以他的行星符號「♃」也像數字四，而它的英文名稱 Jupiter，更跟羅馬神話中的眾神之王朱彼特（Jupiter）一樣。而皇帝牌交叉的雙腳，不只看起來像是基督教的十字架，在維斯康提版塔羅牌中（見下頁圖表 2-25），更為他畫出四名像是隨從的人，強化他君臨天下的形象。

但不論皇帝掌握了多大的權力，也可能像皇后牌一樣，是個控制狂或鬼子母神。當偉大領袖掌握了絕對的權力，同樣也暗藏危險，例如，因過度在意權勢與地位，而成為獨裁者，或是因為權力過度集中，而聽不進建言。身為世俗權力象徵的皇帝，一定要記住，權力越大，責任越大，避免欺壓弱勢、專橫跋扈，才不會因為錯誤的價值觀而專斷獨行、走上絕路。

2. 為一種天文學學說，天動說認為地球是宇宙中心，而其他的日月星辰都是環繞著地球運行。

薩莉．妮可斯在她的著作《榮格與塔羅牌》中，對皇帝牌有另一種解釋。她說：「**愚者之旅在皇帝牌之前，是處在無意識的原始世界，但從皇帝牌開始，便將踏入一個具有意識，且是由男性價值觀所組成的文明世界。**」妮可斯更表示：「皇后所支配的世界，是一個自然循環的生態體系，當中伴隨著出生、成長以及衰老等不可言喻的母權世界；而皇帝則將我們的思考與能量組織起來，用更實際的方式，將它們展現在文明的現實世界中。就如同畫家薩爾瓦多．達利（Salvador Dalí）所繪製的達利塔羅牌（Dali Tarot，見圖表2-26），牌面上的皇帝堅定的注視前方，似乎企圖以邏輯與秩序統治整個世界。

圖表2–25
維斯康提版皇帝，身旁有4名隨從，強調君臨天下。

圖表 2–27
萊德偉特版皇帝，手上握著象徵生命與活力的安卡。

圖表 2–26
達利版皇帝，眼神堅定，企圖以邏輯和秩序統治世界。

從占星術的角度來看，皇帝牌也跟黃道十二宮中的牡羊座有關，尤其在萊德偉特版的皇帝牌中，皇帝手上握著安卡（Ankh，見上頁圖表2-27）[3]，與牡羊座一樣都是生命與活力的象徵。這暗示著當初那位不成熟的愚者，已經掌握生命力，成長為一名優秀的大人。那麼，順利成為大人的愚者又將前往何方？

3. 埃及象形文字的字母，代表生命。

V 教皇

The Hierophant

連結人與神之間的崇高存在。
虔誠、崇高、精神上的支持、良善的建議……或心胸狹小、迷信、價值觀顛覆。

單純的愚者自降生於世後，已經漸漸能理解這個世界的運作方式，並成為一名出色的大人。接下來，他又要面對哪些課題？塔羅牌在這裡告訴我們，是「V 教皇 The Hierophant」。這張牌與之前的有什麼不同？又在暗示著哪個人生階段？

愚者要如何影響社會？

無論是萊德偉特版或馬賽版（見下頁圖表 2-28、2-29）的教皇牌，我們都可以看見牌面上的教皇，似乎正在面對信眾進行一場布道。但大家回想前幾張牌，無論是女

圖表 2–29
馬賽版教皇，牌面開始出現其他人。

圖表 2–28
萊德偉特版教皇，似乎正在布道。

教皇或皇帝，牌中都只有主角一人，頂多出現幾隻動物，從未出現過其他人類角色，而且這些牌中主角，也並未出現與人互動的情境或場景。如果從這個觀點切入，我們可以發現，當初那位獨自進行修業之旅的愚者，已經開始接觸人群，嘗試更社會化的過程。

那教皇又代表什麼意思？在古代西方世界，或中世紀歐洲的天主教社會中，**教宗代表的是人世間政教合一的最高權威者**，相比於統領單一地區、單一領地的皇帝、國王或領主而言，**教皇不只是超越世俗的存在，更是超越地域與疆界的精神領袖，教皇的權力地位，遠遠凌駕於擁有支配世俗事務的皇帝、國王或領主**。

在這張教皇牌中，有許多關於「他是基督在人世間的代理人」的暗示，例如，他的法袍是象徵著基督寶血[4]的樞機紅[5]，他的三重聖冠則象徵著聖父、聖子和聖靈三位一體，連手上的權杖也是三重十字架；至於他身後的柱子，則暗喻教義的不可質疑性。

---

4. 指耶穌為救世人所流出來的血。

5. 一種紅色，得名自天主教會樞機的衣服顏色。

我們在靈數學的介紹中，曾說過數字五代表了人類與人性，同時也是水星與智慧統治者的象徵，這無疑賦予了這張牌在人間的神聖與崇高。

進一步觀察牌面中，正在聆聽教皇布道的兩人，從穿著打扮來看，有可能是神職人員或信徒，除了身上的衣服顏色不同外，幾乎就像是雙胞胎，差別只在一個於牌面教皇的右邊，距離教皇手上的權杖比較近，教皇只要一伸手，就能用權杖給予祝福；而另一位則在牌面左邊，距離權杖較遠。

真要解釋的話，右邊的信徒可說是直接接受教皇的指導與祝福，左邊的信徒則是間接接受了教義，這暗示信仰的影響力有兩種，一種是來自內在的啟發，另一種是來自外在的學習。

以繪製於西班牙的深奧塔羅牌（El Gran Tarot Esoterico，見圖表2-30）為例，牌中教皇甚至直接指著右邊信徒，彷彿透過自己的手，可以傳遞來自天上的訊息。而在馬賽版中，教皇也面朝右邊，給予右邊信徒啟發與指導。

但這並不表示左邊的那位信徒，就不能獲取教義與信仰的薰陶，這張牌暗示我們，不論是直接或間接、是不是天主教的子民，只要願意接受教義，都能得到信仰的啟發，而在神的恩典與祝福下，所有人都是兄弟姊妹，這大概就是為什麼牌中的兩個人如此相似的緣故。

教皇是人神之間的媒介，也是精神導師

當愚者在修業之旅中脫胎換骨，甚至還擁有自己的信徒，此時的他，已經不再像女教皇時期，需要將妥拉緊握在手中，只能靠心領神會、有如密教般的去理解神的智慧，而是可以將神的啟示宣之於口，如同教皇身後的兩根巨柱所暗示一般，如今愚者也能身處神殿、引導眾人。

圖表 2–30
深奧塔羅牌的教皇，手指著右邊信徒，給予啟發與指導。

和平之母塔羅牌的教皇牌（見圖表2-31），更強調了教皇是神與人的溝通媒介，更是人世間的領袖與精神導師；牌面上教皇身後的湖水，是由山脈融雪累積而成，象徵宇宙智慧的匯聚；而他面前迷惘的信徒們，正跪求他賜予智慧及祝福；教皇身後的持劍者，暗喻他背負世俗權威，不僅是法皇，更是人皇。

有些人說，在某些版本中，V教皇與XV惡魔（見第一七二頁圖表2-80、2-81）的構圖十分類似，例如萊德偉特版的教皇腳邊有兩把鑰匙，剛好對應惡魔牌中兩名僕役的腳鐐鎖鏈。**而相似的構圖則警醒人們，絕對的權力可以讓人成聖，也能讓人入魔，聖職頂點的教皇，只要禁不住慾望的誘惑，隨時可能變成惡魔。**這樣的例子在歷史上層出不窮，某些前期看似英明的領導者，當他開始剛愎自用、集權專制後，轉身便成為恐怖的獨裁暴君。

另一些版本的塔羅牌，對教皇的解釋也不全然神聖與正面，例如先前曾提過，十八世紀歐洲的某些地區，若在塔羅牌中使用教皇形象，會被視為是冒犯教會權威，因而下令全面禁用。所以當巴克斯版塔羅牌問世時，刻意改用酒神巴克斯（Bacchus，見圖表2-32）取代，畢竟巴克斯所代表的，不只是淫靡與逸樂，更是一位會引發狂熱與混亂的神祇，這當中的嘲諷之意不言而諭。

圖表 2–31
和平之母版教皇，強調教皇為人神間的溝通媒介。

圖表 2–32
巴克斯版教皇，因當時禁令，而改為酒神巴克斯。

Ⅵ 戀人 *The Lovers*

戀愛從來就不是一件簡單的事。
協調、選擇、內在與外在的統合……
或爭執、溝通不良、判斷錯誤。

許多人在第一眼看見「Ⅵ戀人 The Lovers」時，或許是被這張牌的名字影響，也可能是看到牌面上彎弓搭箭的天使的關係，往往會認為這是一張洋溢著幸福感或好預兆的牌，但是在不同版本中，這張牌有許多解釋。

第一次有了天使的形象

以維斯康提版塔羅牌來說（見第九十八頁圖表2-33），牌面上雖然展現出「一對受到上天祝福的戀人」的景象——在青翠的庭園中，男女牽著手站在傘下，但天空中的天使卻蒙住了雙眼，這難免讓人困惑，其中有什麼暗示嗎？

而在托特版塔羅牌當中（見第九十八頁圖表2-34），戀人牌同樣是以祝福為主調，但兩名主角卻有一點不同。牌面上，站在疑似祭壇右側的女性是白種人，左側男性則擁有黝黑的膚色，他們身邊的兩名小孩，膚色則與男女主角們相反，甚至連觀禮的動物（推測為獅子和鳥），在顏色的表現上也與他們相對。如果用最粗淺、最直覺的方式解釋，這是一場超越種族的婚禮，或跨越文化的交流，但兩張牌有一個共同點——上方的天使被蒙住雙眼，以至於無從判斷祂手中弓箭瞄準的是誰？

阿萊斯特．克勞利的著作《托特之書》中曾提到：**戀人牌最早的含義，是有關『創造』的故事**。牌中央象徵著婚禮司儀的隱士角色，其實就像在「煉金婚配」（煉金術的催化過程）儀式中，觀察物質（不同事物）融合煉化的煉金術師，所以克勞利也說：「這張牌的主題是分析與調和。」因此對托特版塔羅牌而言，這張戀人牌的關鍵字是：異質事物間的整合，例如調和黑白與陰陽，並從中理解世界構成的法則。

但在萊德偉特版塔羅牌中的表現又完全不一樣（見第一〇一頁圖表2-35）。牌面上一對裸身男女站在太陽下，身後守護他們的天使，有可能是大天使拉斐爾；至於

圖表 2–34
托特版戀人，祭壇右側的女性是白種人，左側男性則擁有黝黑肌膚，可粗淺解釋為跨越文化的交流。

圖表 2–33
維斯康提版戀人，天使雙眼被蒙蔽，其中有什麼暗示嗎？

左右的兩棵樹，如果是生命之樹與智慧之樹，智慧之樹上還纏繞著一條蛇，那這張牌所呈現的場景，幾乎就是亞當與夏娃所身處的伊甸園。因此，伊登．格雷在其著作《完全解析塔羅牌》中表示，這張戀人牌，「男性代表外顯意識，女性則代表潛意識」，並且還說「和諧且成功的生活，取決於外顯意識與潛意識的相互合作」。

再看到馬賽版塔羅牌（見第一〇一頁圖表 2-36），畫面正中央的男性，正在與另外兩名女性對話，如果去猜測畫面所要傳達的故事，有可能是女性 A，把女性 B 推薦給我們的男主角，也可能是男主角正在猶豫該選擇女性 A，還是女性 B，而頭上那名看似惡作劇的天使，應該就是亂點鴛鴦譜的愛神邱比特吧？

正因為有這樣的解釋，所以塔羅研究者伊泉龍一，在他的著作《塔羅全書》中就提出了一個觀點，他說**戀人牌與希臘神話中「海克力斯（Heracles）的抉擇」有關**。故事裡，年輕的海克力斯在旅途中遇到兩位女神，享樂女神許予他簡單的幸福，而美德女神則給予他艱辛困難而榮耀。海克力斯苦惱且思索許久，最後選擇了美德女神的艱辛困難而榮耀之路。

此外，戀人牌還有一個特色，就是天使的具體形象，首次在愚者之旅中登場，這也暗示著，人事間的一切，或多或少都受到「神聖次元」的影響。在此之前，愚者之旅所象徵的，都是自己內在的努力與體驗，但是在Ⅵ戀人後，我們將會察覺世俗的一切，會因神聖次元的影響，而被迫做出某種選擇。

發現從未察覺的自我

在天使與惡魔的恆久戰爭中，由於雙方不能主動介入人類的選擇，所以惡魔藉由勾起人類的慾望，誘導人們為惡；而天使則會透過靈光一閃的啟示，引領人們走上正道，正因人們可以根據接收到的訊息，決定要採取什麼行動，所以人與人的關係（包括戀愛），才會變得越來越複雜。

表面上，人的所有行為都出自於自我意識，但其實在行動的當下，我們並不能判斷是不是受到來自另一個世界（神聖次元）的影響；而這些來自神聖次元的力量，也無從知道是否已將正確訊息，傳遞給卑微渺小的人們，儘管他們看起來好像能接收到一些什麼⋯⋯。

回到愚者之旅，當愚者累積了各種經驗與智慧，成為人世間的領導者，他在這張牌中，將會第一次察覺內在與神聖次元的連結，他會發現有一個連自己都未曾察

圖表 2–36
馬賽版戀人 ，可能是女性 A 介紹女性 B 給男生，也可能男生正在猶豫該選擇誰。

圖表 2–35
萊德偉特版戀人，男性代表外顯意識，女性代表潛意識，和諧且成功的生活，取決這兩種意識相互合作。

覺的「自我」存在，雖然此刻的他，還無法進入內在世界，碰觸到那個自我。

祕密結社黃金黎明協會，對戀人的解讀有別於其他版本，給出了另一種面向。在黃金黎明版塔羅牌中（見圖表2-37），有一位美麗的裸女，被鎖鏈捆綁在海中的岩石上，而來自海上的怪物正要襲擊她，此時，有一名勇者從天而降，前來拯救這名美女。

牌面上的場景，很明顯是希臘神話中「柏修斯與安朵美達」（Perseus and Andromeda）的故事。

故事裡，安朵美達的媽媽卡西歐佩亞（Cassiopeia）誇耀自己的女兒，比海中諸位女神都要美麗，這狂妄的發言激怒了海神波賽頓（Poseidon），於是海神降下天罰，把安朵美達捆綁在海邊，作為海怪的祭品。危急之際，剛擊敗蛇髮女妖戈爾貢（Gorgon）的英雄柏修斯恰巧路過，成功解救了安朵美達，兩人結為連理，成為後來波斯帝國的祖先。

黃金黎明協會之所以用此故事來詮釋，可能是想要強調溝通的重要，警惕不得體的言論將引發災禍，並暗喻異文化的英雄選擇拯救，進而創造出幸福道路。這與其他版本的戀人牌，在元素的應用上，實有異曲同工之妙。

在愚者之旅的過程中，我們透過這張牌，學會了如何跨文化與跨領域溝通，進而具備了協調與整合的能力。

圖表 2–37
黃金黎明版戀人，希臘神話中柏修斯與安朵美達的故事，暗喻溝通的重要。

Ⅶ 戰車

The Chariot

憑借幸運七的強大氣場，戰車將實踐踏平塵世的野心。前進、成功、勝利、凱旋……或是不顧一切的橫衝直撞、固執己見、以力服人。

歷經各種自我挖掘與修煉後，愚者終於踏進人群，試圖在人類社會中，傳達自己的理念，並在眾多選項中做出抉擇，走出一條自己的路，抵達「Ⅶ戰車 The Chariot」的階段。

帶著英勇與霸氣，凱旋而歸！

如同我們前面所介紹，在戰車牌之前，愚者之旅多半與個人或個體有關，直到戀人牌，愚者才稍微察覺另一個神聖世界的存在，也深刻理解藉由溝通所營造出的各種關係（包括迷人的戀愛遊戲）。但進入戰車後，愚者所要面對的難題，是眼前廣大的世界與人群，以及如何在這世界上推行自己的價值觀，或者讓自己的價值觀與世界相融合。

在前面的戀人牌時，我們曾介紹過不同版本間，在圖像表現上的歧異頗大；但是戰車牌則沒有這種情形，不論哪一個版本，在牌面表現或圖像元素都十分接近：會有一名看似強勢的主角（可能是男性，但也有女性版本），乘坐在一輛由兩匹野獸所牽引的馬車上。

儘管這張牌在所有版本中都被稱為戰車，但有些牌卡更像是遊行隊伍中的花車，牌中人物也多半意氣昂揚、威風凜凜，或許正要出發去爭取一場勝利，或者是對某一場挑戰已經勝券在握。無論從前進、成功、凱旋或建立平衡的秩序等關鍵字切入，這張牌都帶有積極正面的意象。

從萊德偉特版塔羅牌來看（見下頁圖表2-38），這張牌的背景是充滿生命力的黃色，在主角身後有一頂華麗大帳，有如蒼穹般綴滿星光，彷彿暗示主角「受到天命指引，即將迎接勝利」；也有如歷史上的亞歷山大大帝（Alexander the Great），在亞里斯多德的教導下，他運用智慧，建立一個橫跨歐亞非三洲的偉大帝國。在這張

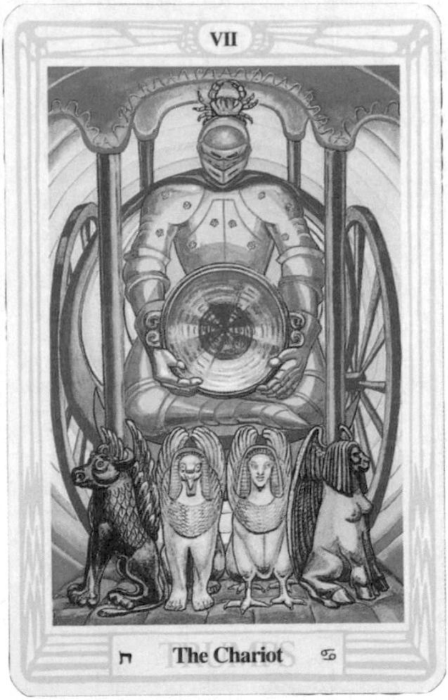

圖表 2–39

托特版戰車，人物身穿盔甲，擁有顯眼的肌肉線條，似乎可以駕馭各種不同的想法。

圖表 2–38

萊德偉特版戰車，主角身後有一頂華麗大帳，有如蒼穹般綴滿星光，暗示「受到天命指引，即將迎接勝利」。

牌面上，拉著戰車的是神話故事中的人面獅身史芬克斯（Sphinx），牠擁有超越人類的智慧，也擁有百獸之王的強健體魄與氣勢，被人們視為神獸。兩隻神獸一黑一白，也暗喻牌中主角（駕車的人），靠著力量與實力，駕馭著陰陽與黑白，一邊保持世界平衡、一邊朝著目標奔馳而去。

在某些版本中，拉車的動物會面朝不同方向，有一派說法是，戰車象徵著用力量或實力，將許多想法不同的人們強拉在一起，為同一個目標努力。尤其是托特版塔羅牌（見上頁圖表 2-39），他身穿盔甲，還擁有十分顯眼的肌肉線條，他強大的身體，似乎可以駕馭各種不同想法與精神狀態。

幸運七的光榮與創造力

如同「幸運七」的說法，數字七在靈數學中也象徵著飛越、超越，當數字六所代表的樂園與協調，加上象徵主動的一，數字七所暗喻的就是「跳出舒適圈，挑戰未知」。如果進一步把七拆解成「四＋三」，四代表安穩的基礎、三表示創造性，無論是我們一樣可以獲得，「在既有的安穩基礎上，創造出更多成果」的概念。但無論是哪一種解釋，愚者之旅似乎正走在光榮，或凱旋而歸的道路上。

但就像前面所說，戰車是靠力量與實力，硬把馬匹拉往同一個方向。在萊德偉特版塔羅牌中，黑白兩色的史芬克斯，分別代表了我們的精神與肉體，雖然我們靠著力量協調兩者，轉動代表「命運之輪」的車輪，朝向我們所希望的方向行駛，其中也隱含，如果操之過急，讓精神與肉體失去原有的平衡狀態，戰車很可能發生意外，例如翻車或陷入泥淖中。

尤其萊德偉特版塔羅牌還給了我們另一層暗示——在駕駛者的肩上繪有「新月」圖案。月亮無法自己發光，必須反射太陽光，象徵著駕駛者的精神狀態並不強大，必須依靠其他元素才能展現力量，甚至也暗喻「被強大力量所征服」的狀態。

進一步解釋這個概念，在馬賽版塔羅牌（見圖表2-40），或1JJ瑞士塔羅牌（1JJ Swiss Tarot，見圖表2-41）的戰車中，戰車駕駛者與牽引戰車的馬匹之間有一道隔板，其實在暗指肉體與精神出現分歧，也暗喻我們難以單靠力量，去糾集不同想法的人們。再延伸到維斯康提版塔羅牌（見第一一〇頁圖表2-42），由於牌中主角是一名女性，有些人也會擴大解釋為，透過具有目的的聯姻，來集合不同想法的人們」，至於大家接不接受此種說法，則見仁見智。

圖表 2–41

1JJ瑞士版戰車，馬匹間的隔板，暗喻我們難以單靠力量，去糾集不同想法的人們。

圖表 2–40

馬賽版戰車，馬匹間有一道隔板，暗指肉體與精神出現分歧。

戰車牌所代表的成功，主要靠力量與實力，在人世間獲得成果，但這成果並非永恆不朽。就如同亞歷山大大帝，他二十歲繼承王位，三十歲時，就建立了一個從希臘到印度、橫跨歐亞非三大洲的偉大帝國，卻在三十二歲因罹患熱病而駕崩，龐大的帝國瞬間四分五裂。他個人的成功或許很短暫，但是他讓帝國裡的不同文明互相交流，也享有共同的文化成果，甚至出現足以影響歷史發展的重大變革，為未來留下深刻印記。

當愚者在戰車的馳騁中，實現了稍縱即逝的美夢、獲得了世俗的榮耀與成功，那他的下一步，又將前往何處？

圖表 2–42
維斯康提版戰車，有一說法是「透過具有目的的聯姻，來集合不同想法的人」。

Ⅷ 正義
Justice

儘管正義之劍相當鋒利，但正義的標準又是什麼？正義、客觀判斷、法律般公正、折衷與協調……或偏執、偏見、不公平、缺乏正當性。

薩莉．妮可斯在其著作《榮格與塔羅牌》中，曾經以馬賽版塔羅牌的編號順序為基礎，將大阿爾克納牌組中的愚者之旅，分成三個階段。第一個階段是Ⅰ至Ⅶ、第二個階段是Ⅷ到ⅩⅣ、第三個階段是ⅩⅤ至ⅩⅪ，也就是每七張牌為一組，作為愚者之旅不同階段的主題。

其中第一階段稱之為「眾神的領域」，因為在大阿爾克納牌組中的第Ⅰ張牌到第Ⅶ張牌，有許多在榮格心理學被稱之為原型的概念；第二階段則是「現實世界與自我意識的領域」；第三階段則是「啟示與自我實現的領域」。

換句話說，愚者在第一階段的旅途中，經歷了各種原型與自我的追尋，憑藉著累積的實力，搭上Ⅶ戰車邁向下一階段；在第二階段，他將要學習各種協調與維持平衡的方法，並進一步磨練洞察與溝通能力，掌握現實世界的運作邏輯並加以應用。直到進入第三階段後，愚者將回應上天的啟示，超脫自我，完成更高層次的使命。雖然以上說法只是《榮格與塔羅牌》的見解，但我們也參考這個觀點，來討論大阿爾克納牌組中的第八張牌，也就是第二階段的開始。

在大阿爾克納牌組中，第八張牌是最難定義的一張。根據不同版本，對於這第八張牌，各有不同的選擇與詮釋，例如以維斯康提版塔羅牌（見圖表2-43）及馬賽版塔羅牌（見第一一四頁圖表2-44），其第八張牌是「正義 Justice」；但是在黃金黎明版塔羅牌則放在第十一張（見第一一四頁圖表2-45），此版本和萊德偉特版塔羅牌一樣，第八張牌選擇了「力量 Strength」。

最難定義的一張牌

原因在本書第一章曾介紹過，十九世紀的祕密結社黃金黎明協會，曾經導入卡巴拉與占星學的概念，創造出一套複雜體系來重新詮釋塔羅牌。他們認為牌面上有獅子座象徵的力量，應該放在大阿爾克納的第Ⅷ張；而有天秤座象徵的「正義」，則應該放在第Ⅺ張，進而對調了這兩張牌的位置。

姑且不論這樣的說法是否符合塔羅牌當初發展時的原意，但隨著時代變遷與文明演進，本來就會有與時俱進的表現與詮釋方法，我們也無法斷言哪一種版本的說法才是對的。但**本書所介紹的是塔羅牌歷史與演進，所以便選擇較古老的說法——把正義牌放在第八張**。現在，就一起看看各種版本的正義牌！

圖表 2–43
維斯康提版正義，一手持寶劍、一手拿天秤，傳達出公平、公開、公正，與事實不容動搖的決心。

綜觀歷史上各個版本的正義牌，不論被放在第八張或第十一張，基本構圖都沒

圖表 2–45
黃金黎明版正義，角色形象類似正義女神。

圖表 2–44
馬賽版正義，左膝頂著秤盤，左手肘偷壓秤桿，暗示公平會受人為影響。

有太大改變：正中央有一名身穿紅色服裝的女性，一手拿著寶劍、一手拿著天秤，在她身後則矗立兩根柱子，柱間垂掛著一面相連的布幕。

角色形象有點類似歐美法院中的正義女神（Lady Justice），她手上拿的天秤，無論在東西方，都被視為衡量是非善惡與公平的象徵；另一手的寶劍，則用來堅守正道、執行制裁。她堅定的眼神，傳達出公平、公開、公正與事實不容動搖的決心。如果我們同意她身上的服裝是法袍，那她無疑也是法官與仲裁者的形象代表。

遠從古希臘時代開始，正義、智慧、勇敢與節制，在西方被稱之為「四樞德」（cardinal virtues），更是歐洲文明傳承至今的核心美德。有些人可能會好奇，在塔羅牌中有正義牌、節制牌，而勇氣或許可以跟力量牌相連結，那為什麼沒有智慧牌？有另一派說法是，包括大阿爾克納牌組與小阿爾克納牌組，整個塔羅牌系統，其實就代表智慧，不知道大家是否也認同這種說法？

總是會看到布幕與柱子

在正義牌中，我們再度看見熟悉的元素——布幕與柱子。這對圖像元素組合，最早出現在Ⅱ女教皇，尤其馬賽版塔羅牌的女教皇牌裡（見第六十七頁圖表2-12），布幕與柱子彷彿有意要遮掩人物身後的背景；等到Ⅴ教皇時，教皇身後的兩根石柱雄偉堅固，存在感變得十分強烈；而到Ⅶ戰車時，幕與柱化身成戰車的頂棚，隨著主角東征西討；到現在的Ⅷ正義裡，幕與柱已經矗立在殿堂中牢不可分。

從圖像符號的概念來詮釋，柱子可能是構成牌中主角思想基礎的主要元素；而布幕則暗指主角將自己的想法傳遞或教導給眾人。而在各個不同階段的呈現，則暗示主角的思想系統與概念正逐漸明確，也慢慢被眾人接受。

從靈數學的角度分析，這張牌也隱含了許多數字祕密。首先編號八，是由四加四而來，四又代表安定的基礎，在此則出現倍數效果；再者，柱子在建築中也代表「穩定的基礎」，兩根石柱恰巧也與四加四的意象相符。

接下來介紹各個版本中的正義牌。首先，不論是馬賽版塔羅牌，或萊德偉特版塔羅牌（見圖表2-46），牌中主角的樞機紅法袍，是我們常在塔羅牌中見到的顏色；先前曾介紹過，這個顏色象徵著耶穌基督的寶血，只要出現這個顏色，多半代表該人物重要且具有權威性。而在黃金黎明版塔羅牌的正義牌中，兩根石柱分別是深（陰）與淺（陽）的對比色，天秤的秤盤上則由四條線支撐，有可能在提醒我們，

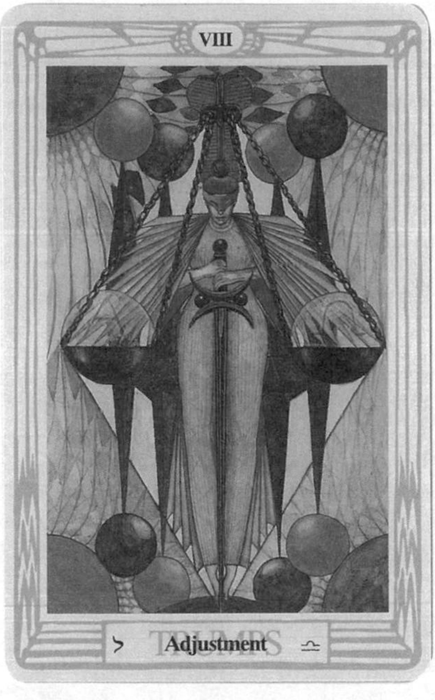

圖表 2–47
托特版正義，正義沒有客觀標準，此版本改稱為調整。

圖表 2–46
萊德偉特版正義，天秤衡量是非善惡，寶劍用來堅守正道。

人們從出生到死亡，在衡量一件事物時，所採用的標準與邏輯是否一致？如果從肉體與精神之間的對立角度來衡量，答案是不是會有所不同？

如果仔細觀察馬賽版塔羅牌的牌面，會發現牌中主角彷彿正悄悄用左膝頂起秤盤、左手肘也偷偷壓著秤桿，這似乎暗示著公平可能會受到人為影響，只要是人，難免都會帶著情緒與主觀思想來判斷。無論我們如何堅持公平正義、希望做出正確的判斷，但人類永遠都是愚蠢且不完美的，或許正因為正義根本沒有客觀標準，所以在托特版塔羅牌中（見上頁圖表2-47），這張牌不叫「正義」，而改稱為「調整Adjustment」，意喻公平需要多方交涉與協調，取得兩個對立意見的平衡，並非只是單純揮舞著主觀的正義之劍，更暗示我們必須謙卑察覺人們的缺點，學習與世界或其他不同意見和平共處。

在愚人之旅的第一個階段中，儘管愚者憑藉戰車，以實力贏得世俗的成功，但如果想要延續這份力量與影響力，則必須時時反省自己的偏見與盲點，並不斷詢問自己「什麼才是正義？」畢竟力量得來不易，如果不能謹慎的在公平、正義的基礎上發揮影響力，正義之劍雖鋒利，但也相當易碎。

Ⅸ 隱者 *The Hermit*

時時觀照自己，是身而為人的義務。睿智、明辨是非、謹慎、執著於目標、純熟……或是頑固、守舊、不知變通。

愚者駕馭著Ⅶ戰車征戰四方，並取得了世俗所認可的成功，之後在Ⅷ正義中，他重新思索有關這個世界的邏輯與秩序，並深入探討人世間是否有真正的公平？最後，他無可避免的承認世界是矛盾的，並且開始面對自己的渺小與不足。於是，更謙卑、審慎的「Ⅸ隱者 The Hermit」出現了。

尋求終極真理的老賢者

這張牌通常會有一名長者，獨自行走在黑暗中，手持一盞提燈，形象上可能是苦行僧，或是告訴大家耶穌基督降生在馬槽裡的東方三博士。但無論從哪一個角度來理解他，都可以發現隱者是一名遠離塵世、尋求終極真理的老賢者。就像薩莉・妮可斯在她的著作《榮格與塔羅牌》中所說的：「如同東方古老的哲學家——老子一般，『隱者』所展現出的修行者形象，其智慧是無法藉由書本所獲得的。」

除了鮮明的長者形象外，隱者牌還有另一個特徵：他手裡拿著「手杖」，正「行走」在曠野上。這樣的姿態，是不是有點熟悉？依稀就像一開始愚者拿著手杖，走在旅途中的模樣，只是在經歷了各種追尋與考驗、累積了智慧與洞察力，飽經風霜後，變得有點老而已。

回想過去這段旅程，他腳踏實地走在路上的場景可不多。在魔術師時，他站在街頭；而在他不論身為Ⅱ女教皇、Ⅲ皇后、Ⅳ皇帝或Ⅴ教皇時，他都擁有自己的寶座；雖然在Ⅵ戀人中，他再度站起身與旁人閒聊八卦；但是到了Ⅶ戰車時，他又坐上交通工具，馳騁於路上；等到Ⅷ正義時，他坐回他的寶座，擔任仲裁者的角色。一直到Ⅸ隱者，才又開始真正踏上旅途，可說是久違的遠行了。

此外，**隱者的提燈也是一大亮點**，大家不妨觀察馬賽版塔羅牌的隱者牌中（見圖表2-48），手持的提燈究竟是八角形還是六角形？這兩者有什麼分別？

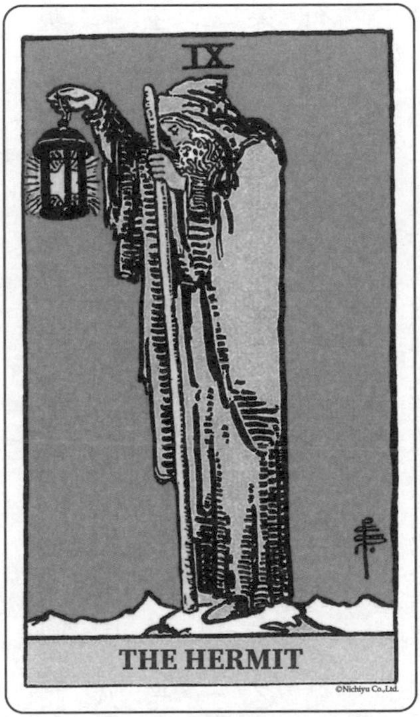

圖表 2–49
萊德偉特版隱者，環境荒蕪，象徵著追求終極真理的道路險峻嚴苛。

圖表 2–48
馬賽版隱者，藉手中提燈的指引，行走在曠野中。

以靈數學的角度來解釋，如果是八角形，那如同我們在上一張正義牌所說，八可以拆解成兩個代表安穩基礎的四，而在這張隱者中，**八角形的提燈所照亮的，很可能是生與死的兩個世界**。如果再把提燈中的「一點」光亮算進去，從靈數學便可拆出：二×四＋一＝九，恰巧是隱者牌的編號Ⅸ，也是「純粹智慧」的象徵。

如果是六角形的話，那則代表六芒星，也就是大衛之星。代入靈數學的解釋，數字六有樂園、淨土的含義，如果再加上提燈中的「一點」光亮，就會變成象徵創新的數字七。

此外，無論是馬賽版塔羅牌或萊德偉特版塔羅牌（見上頁圖表2-49），隱者都是靠著手中提燈的指引，在曠野中前行，而他所身處的環境，則是一片沙漠般的荒蕪，象徵著追求終極真理的道路十分險峻嚴苛，既沒有前人留下的標記可供依循，也毫無任何線索可作參考。畢竟，對於遠離塵世去追尋一些什麼的隱者（求道者）來說，唯一能依靠的只有「相信」，如同虔誠的朝聖者一般，憑藉手中的光亮，不斷向神聖的真理之地邁進；這道光芒，在艱苦的旅行中不只是溫暖、更是守護，幫助隱者驅趕野獸的侵擾。

提燈的光源從何而來？

某些版本的隱者牌，在提燈光源的安排上會有所差異。以托特版塔羅牌（見下頁圖表2-50）來說，牌中**光芒看似從隱者的內心湧現，所以暗示著終極真理，來自於自我的內心**；但如果觀察和平之母塔羅牌（見下頁圖表2-51），就會發現光芒來自其他地方，暗喻追尋終極真理時，我們須面對分歧的道路，有時連求道者自己也會迷惘，不知道哪一條路才能通往真理。不同的表現方式，也發展出不同解釋方法。

此外，在和平之母塔羅牌的隱者牌中，隱者手杖的杖頭處有明顯彎曲，會讓人聯想到死神的鐮刀，進而延伸出「隱者所追求的終極真理，是解開生與死的奧祕」。至於在更古老的維斯康提版塔羅牌中（見第一二六頁圖表2-52），**隱者手上拿的不是提燈，而是沙漏，似乎參考希臘神話中，時間老人柯羅諾斯（Chronos）的形象**，他掌管時間的流逝，手中經常拿著沙漏或時鐘等象徵時間的物品。用時間老人來代表隱者牌，彷彿也**暗喻「生命有限，而追求智慧的道路無止境，當我們執著於追求終極真理時，會不會到頭來只是一場徒勞？」**

圖表 2–50
托特版隱者，光芒自隱者內心湧現，暗示終極真理來自於自我內心。

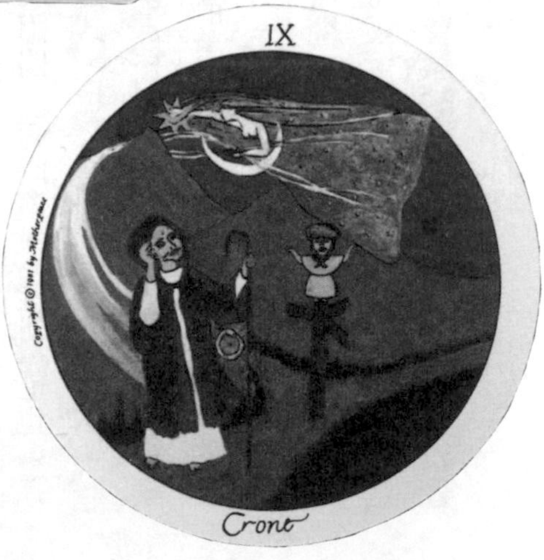

圖表 2–51
和平之母版隱者，光芒來自他方，暗喻追尋真理時，難免會面對分歧的道路。

剛踏上旅途的年輕愚者，在歷經了漫長旅程之後，至此已成為一名垂垂老矣的年長智者，而愚者身上色彩花紋繽紛的服飾，到此階段也成為樸素的修道服與長袍；雖然旅程尚未結束，他仍將在廣大的世界中漂泊，但在牌卡色彩的呈現上，卻形成了有趣對比。

偶爾，當我們審視隱者牌時，會覺得在曠野中踽踽獨行的身影有些孤獨，但或許這張牌想提醒我們的是：你需要給自己一段能觀照內心的時間，好好與自己相處。只有經過沉澱與省思，才能把自身累積的經驗與智慧回饋給世界。說到底，或許只有時間，才是終極真理，不論我們決定做或不做什麼，時間仍不斷流逝，有許多生命消逝，也有許多生命誕生，世界就是如此運轉不息。

再用靈數學的角度做個小結。隱者牌的編號是數字九，如果拆解成三加三加三，也就是由象徵創造的數字三加三次，意味著「創造即將完成」，或「祕密的傳承即將抵達終點」，或許也是在暗示我們的愚者之旅，即將完成人世間的課題，往下一個階段邁進。

圖表 2–52
維斯康提版隱者，手上拿著沙漏，暗喻生命有限，而追求智慧的道路無止境。

X 命運之輪

Wheel of Fortune

萬物流轉，是誰在轉動命運之輪？幸運終將到來、命定的成功、禍福遷變……或樂極生悲、因果輪迴、意料之外的延宕。

命運，不是人類智慧所能預料的領域，自古皆然，所以有「塞翁失馬」的故事，有「夫禍之與福兮，何異糾纆？」的古諺。人們的幸與不幸，總是因為命運的捉弄而不斷變化，這也是「X 命運之輪 Wheel of Fortune」這張牌的緣起。

根據羅馬神話的敘述，命運之輪是由女神福圖納（Fortuna）掌管，她總是隨自己的心情來隨機轉動這個輪子，賦予塵世間的人們幸與不幸，所以英文中的命運（fortune）一詞，即源自於女神 Fortuna 的名諱，因此「Wheel of Fortune」，指的並不只是帶來幸運的幸運之輪，而是命運之輪。

推動命運之輪的女神

塔羅牌中的命運之輪，看起來正是女神福圖納手上所推動的那一個，但不論是馬賽版塔羅牌（見圖表2-53），或之後的其他版本塔羅牌，大部分都沒有出現女神的形象。

到底是誰在推動命運之輪？從馬賽版塔羅牌的牌面上看起來，輪子被架在臺座上，輪軸還附有一根手把，彷彿暗示誰都能伸手轉動這個巨輪，也像是在告訴大家「歡迎來轉」。

再觀察這張牌中的其他元素，無論是馬賽版塔羅牌或巴克斯版塔羅牌（見圖表2-54），命運之輪上都攀附著一些無以名狀的動物或生物；但在萊德偉特版塔羅牌中（見第一三一頁圖表2-55），我們可以明確看出，其中有一隻是史芬克斯的形象，祂是埃及的神獸，擁有國王的面孔與獅子的身體，同時也是諸王陵墓（金字塔）的守護者。這或許暗示著，不論這一生幸運與否，人的終點都是死亡，生命只是轉瞬即逝的存在；也如同希臘神話中，史芬克斯用來考驗伊底帕斯（Oedipus）的謎題：

圖表 2–54

巴克斯版命運之輪，齒輪上攀附一些未知生物。

圖表 2–53

馬賽版命運之輪，朝下方轉動的生物，狀似猴子。另一隻可能是一隻狗。

「什麼東西是早上四隻腳、中午兩隻腳、晚上三隻腳？」答案是人類，而人的一生也確實如此形容般短暫。

至於其他影響命運之輪轉動的，又都是何方神聖？以馬賽版塔羅牌來說，朝下方轉動的那隻，看似有著人類臉孔，卻有野獸的尾巴，彷彿是一隻猴子，而另一隻朝上方轉動的生物，從耳朵看起來，有可能是一隻狗？

再從萊德偉特版塔羅牌來看，朝下方轉動的明顯是一條蛇，而朝上方轉動的，則是一隻獸頭人身，無法用常識來形容的紅色怪物。以我們一般人的刻板印象來聯想，猴子或蛇，通常有狡獪、陰謀詭計等負面印象；而狗或紅色怪物，則可能隱含人類的原始獸性或原始慾望。牌面中的元素加起來，彷彿暗指人類的命運，強烈受到這種種劣根性的影響。

針對前述的猜測，被譽為塔羅牌占卜師之母的伊登．格雷，曾提出相關解釋，她推測萊德偉特版牌面中的蛇，象徵希臘神話中的怪物「堤豐」（Typhon），而紅色獸頭人身的怪物，則是埃及的胡狼神——阿努比斯（Anubis）。在埃及神話中，阿努比斯是負責引領死者走向安息的冥界之神，約略等同於希臘神話中，作為亡靈嚮導的荷米斯（Hermes），兩者在神話中均有超度亡靈的含義。

圖表 2–56
奧祕版命運之輪，像熊的野獸正在推動著命運之輪，一旁則有一隻帶著皇冠的猴子冷眼旁觀。

圖表 2–55
萊德偉特版命運之輪，暗示人類的命運，受到原始劣根性的影響。

把同樣概念援引到馬賽版塔羅牌中，猴子或許也有怪物堤豐的影子存在其中，而狗也能看作是阿努比斯。那在各版本中，這些無以名狀的生物，我們或許就能簡單歸納為：命運之輪同時有兩股力量在推動，一邊是向下沉淪的私慾與獸性，另一邊則是努力超脫的良善與神性，這善與惡的上下拉扯，讓命運之輪轉動不息。

至於在奧祕塔羅牌（見上頁圖表2-56）中，有一隻像是熊的野獸正在推動命運之輪，一旁則有一隻帶著皇冠的猴子冷眼旁觀。猴子手中激烈旋轉的風車，也許代表「惡作劇的命運之風」，至於背景的大樹，是不是暗喻著體現宇宙真理的生命之樹？也許「樹欲靜而風不止」，也是另一種命運的體現！

讓輪迴的命運之輪停止轉動

命運之輪不停轉動，難道我們就只能被它牽引而隨波逐流嗎？其實從東方文化的角度切入，當我們看見這張牌時，很容易聯想到轉世輪迴。那要如何停止這一切，超脫凡塵俗世的紛擾？在馬賽版塔羅牌及萊德偉特版塔羅牌中，史芬克斯手上的寶劍，或許給出了斬斷輪迴，及停止被命運左右的解答。畢竟**在塔羅牌中，寶劍**

向來象徵著理性與智慧。

而在命運之輪外，是否有更超然的存在與力量？萊德偉特版透過牌面元素告訴我們，命運之輪外，還有獅子、牛、老鷹及人。這個**典故出自於《舊約聖經》的《以西結書》（*Book of Ezekiel*），分別是四種不同型態的「基路伯」（智天使），祂們象徵著構成世界的四大元素**，這也提醒我們，儘管命運受到許多善惡的變因所影響，但是在命運以外，世界仍有一套運行的真理與法則，來維持秩序的平衡。

所以從和平之母塔羅牌的牌面中（見下頁圖表2-57），我們可以看到水星、金星、地球、火星、木星、土星與天王星、海王星、冥王星等太陽系的行星象徵，它想藉此傳達：在命運的左右之下，人類極其渺小；而在宇宙秩序的運行下，命運所能影響的同樣有限。這就是關於這張牌，另一種更高層次的角度與概念。

我們再次參考靈數學的觀點，X命運之輪這張牌，其數字十，是由一與零構成，如果把這兩個數字予以圖像化，或許可延伸出「⊙」這個符號。

大家可以想像一下，這個符號像不像用零把一圍繞在中心，暗示著從一開始的旅程已到達尾聲，一個完整的循環已經結束，但零仍以一為中心，轉動不息。換句話說，愚者之旅的第一階段已完成，但旅途中所遭遇的一切，仍在持續轉動，預示下一個階段的旅途即將展開。

命運之輪持續轉動，世事難免吉藏凶、凶藏吉，儘管無法跳脫輪迴的因果宿命，但在吉凶流轉之下，我們體驗到的一切，將形成生命的重要啟示，如同史芬克斯手上的寶劍，帶領我們解脫現世，前往生命的下一個階段。

或許人類的命運，終將受到劣根性擺布，但從更高層次的視角來看，四天使所守護的是宇宙的真理，是宇宙大秩序的平衡與安定。只要你願意追隨更高境界的啟發與指引，牌面上未曾出現的命運之輪推動者，或許就是你自己。

圖表 2–57

和平之母版命運之輪，在宇宙秩序的運行下，命運的影響也有限。

XI 力量
Strength

駕馭你心中的野獸。
可被引導的力量、勇氣、寬宏大量、情緒得以好好抒發……或脆弱、懷疑、衝動魯莽、破壞慾。

記得先前在正義牌中介紹過，某些版本塔羅牌的編號十一是正義牌（例如黃金黎明版塔羅牌、萊德偉特版塔羅牌）；而在某些更古老的版本中（例如維斯康提版塔羅牌、馬賽版塔羅牌），編號十一的牌卡則是力量。

本書為了更貼近歷史發展的脈絡，採用了後者的見解，因此我們的愚者，在這裡遇見的是「XI力量 Strength」。

愚者在X命運之輪中，完成了第一階段的旅程，接下來遇見XI力量，則是另一階段旅程的開始，但是這張牌在新的旅程開始時，有什麼含義？首先，我們可以從靈數學的角度來分析，因為數字十一可以拆解為十加一，而十在我們先前所介紹的靈數學當中，代表一個循環或週期的結束，因此數字十一，則暗示將引導我們前往下一段旅程。

踏上新階段的旅程

數字十一在猶太教神祕學卡巴拉中，被視為是大師數，象徵豐沛的靈感、能影響他人的能力，具有能面對未來的能量等特質，是個相當特別的數字。如果我們把十一的個位數與十位數相加，則會得出一加一等於二，而數字二代表平衡、調和與溝通，再加上奇數的陽剛與積極特質，都顯示這張牌所代表的「力量」。

不論這張牌被放在Ⅷ或Ⅺ，不論這張牌被稱為力量、慾望或剛毅，在牌面的構圖中，多半是由一名女性與一頭獅子作為主角，有些版本的女性角色，會帶著頭冠或帽子，與獅子的互動模式也各有不同，但大都是溫柔馴化的形象。

有養過寵物的讀者一定都知道，想要像第一四〇頁圖表2-59、2-60，牌面中的女性一般，把手放到動物的嘴邊做出親暱的動作，這需要具備相當程度的信賴感，才有辦法做到，所以這張牌卡暗示著人與野獸之間，具有相當深厚的情感連結，並不是敵人。

但是在某些古老的版本中，人與野獸的關係就不是那麼和諧，例如，有些是男性用棍棒武器，強勢壓制打倒獅子的畫面；而在義大利插畫家妮可麗塔・瑟可莉（Nicoletta Ceccoli）所繪製的版本——妮可麗塔・瑟可莉塔羅牌（Nicoletta Ceccoli Tarot，見下頁圖表 2-58）中，力量牌的主角，是一名持著長槍的女騎士，正在制伏一頭怪物。這些不同版本，都呈現人們在面對力量，或激烈情緒時的不同想像。

再說到牌卡主角頭上的帽飾或頭冠。在萊德偉特版塔羅牌的主角頭上（見第一四〇頁圖表 2-59），有著符號「∞」，與魔術師中的主角頭上一樣，暗示這兩者間的強烈關聯；在馬賽版塔羅牌中（見第一四〇頁圖表 2-60），主角的帽子形狀也與魔術師一樣，是「∞」的概念，這些暗示都告訴我們，當初那位愚者正要踏上第二階段的全新旅程。

不過提到年輕女性與野獸，很容易讓人聯想到迪士尼電影《美女與野獸》（*Beauty and the Beast*），雖然故事主旨是要提醒人們不能只看外表，但如果進一步延伸，也能解釋為，「在文化、特質或價值觀相異的對象之間，也能相互理解」。

當然，有些人可能也會聯想到「獨角獸與純潔少女」的畫面，此時就會這樣解

圖表 2–58
妮可麗塔版力量．瑟可莉塔羅牌，和溫柔馴化動物的版本不同，是女騎士持長槍用力量制伏一頭怪物。

釋，「唯有靈魂純潔無暇的人，才能掌握神聖或超越人類智慧的自然力量」。如果把重點放在力量牌中的女性角色，那妮可麗塔・瑟可莉塔羅牌中的純白女騎士，依稀就是在聖戰中面對邪惡勢力的聖女貞德；而萊德偉特版塔羅牌中的少女，一身純白的袍飾，也有「聖潔處女」的神聖氛圍了。

獸性也是我們的內在力量

那力量牌中的力量，究竟是指什麼？本書認為，用Force（影響力）這個字，或許會比用Strength（力氣）要來得貼切，因為Strength比較像是物理或物質上的力，而Force涵蓋的層面更廣，包括精神面或形而上的力量，都可以用Force來形容，而在馬賽版塔羅牌中，「力量」這張牌，就是使用「La Force」這個字。

有些人聽到Force這個字，可能會想起電影《星際大戰》（*Star Wars*）中的知名臺詞：「May the Force be with you.」（願原力與你同在），其實Force也可以指宇宙的真理、宇宙中放諸四海皆準的統御力量。

由此可知，力量這張牌所代表的，並不單純只是物理或肉體上的力量，它還有

圖表 2–60
馬賽版力量，牌中女性角色溫柔馴化獅子。

圖表 2–59
萊德偉特版力量，主角頭上有符號 ∞，暗示那位愚者正要踏上全新旅程。

更深一層的精神意義。

又如果，我們把牌卡上的獅子（野獸），看作是人類心中的野性或獸性，那能馴服野獸的聖潔少女，無疑代表了人類的理性與智慧。理性與獸性，這兩種全然相反的特質，並存在我們身上，唯有承認自身擁有獸性，才能用智慧馴服（調和）它，進而獲得掌握世界的力量。

這一點在和平之母塔羅牌中（見下頁圖表 2-61）表現得更加鮮明。此力量牌，描繪一位裸體女性手上持握一道光芒，光芒所及之處，有各式動物與她共處，包括可愛的兔子與浣熊，具有威脅性的蠍子與狼等，這些都是野性的不同面貌，只有承認牠們並完全接納，正確抒發各種突如其來的情緒，才能學會駕馭自己，得到解放自我的內在力量，這或許就是力量牌所要傳達的訊息吧！

本節最後，我們試著從托特版塔羅牌（見下頁圖表 2-62）的角度來看這張牌，或許對大家會有不同啟發。

在托特版塔羅牌中，這張牌被命名為「慾望 Lust」，構圖為翻轉少女與野獸的主從關係，彷彿在暗示「獸性才是人類真實的本性，追求歡愉與面對慾望，才是解放自我的烏托邦」，如同阿萊斯特．克勞利在其著作《托特之書》中所說：「慾

圖表 2–61
和平之母版力量，承認體內的獸性並接納，才能學會駕馭自己，得到解放自我的內在力量。

圖表 2–62
托特版力量，獸性才是人類真實的本性，直面慾望，才是解放自我的烏托邦。

望不僅僅是一種驅動力，它還隱含著『使用力量』時的狂喜。這就是生命原始的活力，也是充滿歡愉的生命力。」這種奔放的概念，加上衝擊力十足的構圖，展現出藏傳佛教超脫的自由思想，不愧是二十世紀最偉大的魔法師的傑出作品。

在愚者之旅第二階段的一開始，我們從力量牌中所察覺的旅程，是一趟離開世俗、探索更深層內在的人性之旅，就讓我們隨著愚者的腳步，繼續走下去。

XII 倒吊人

The Hanged Man

倒吊人是神祕主義的入口。

價值觀的轉變、洞察力、預言，人生中的小休息、自我犧牲……或懸而未決、傲慢、徒勞的努力、利己主義。

愚者之旅跨過XI力量，馴服了自己的野性、掌握控制力量的方法，接下來要面對的是「XII倒吊人 The Hanged Man」。牌面中主角詭異的姿態，似乎預示這是一張難以解讀的牌，也暗示解讀這張牌的線索，藏在更接近神祕主義的地方。

哪一邊才是上面？

我們一樣先藉由靈數學的觀點，尋找解讀這張牌的線索。首先，它的編號十二，只要將個位數與十位數的數字相加，就可得出數字三，象徵的是創造力與生產力。接著，編號十二是偶數，從偶數的陰性特質，代表要逆向解讀數字三所代表的創造力與生產力——必須尋求內在體悟，而不是向外追求。

接著分析牌面構圖。不論哪個版本，這張牌都如同它的名字，是由一名被倒吊的男性為主圖。至於他為什麼被倒吊？又或者被倒吊在哪？不同版本的塔羅牌中有不同的說法。

如果直接從倒吊的狀態來聯想，可能會覺得他犯了某種罪，正在接受懲罰。所以媞西亞．巴比耶在《塔羅博物館》一書中，特別介紹歐洲中世紀出現類似刑罰的歷史情境：「單腳倒吊的刑罰……（中略）……通常用於懲罰背叛者、瀆職者或從事與詐欺有關罪行的人，是一種特別針對被貪慾所驅使的罪犯們，予以公開羞辱的刑罰……。」而鏡隆治在他所出版的《塔羅牌的祕密》一書中也提出類似論點：「在文藝復興時期提及塔羅牌的詩歌作品中，會將遭受到類似刑罰的人，稱之為『反叛者』……。」

但如果仔細觀察馬賽版塔羅牌，或萊德偉特版塔羅牌（見下頁圖表 2-63、2-64），這兩個版本的倒吊人，表情都相當平靜，看起來不像是正在接受刑罰，更像一種自願的修行，類似日本傳統「瀧行」[6] 之類的苦修行徑。而在巴克斯版塔羅牌中（見

圖表 2–64
萊德偉特版倒吊人，和馬賽版相同，表情平靜，像是出自己意的修行。

圖表 2–63
馬賽版倒吊人，表情平靜，看起來不像是在受罰，更像一種自願的修行。

第一四八頁圖表2-65），牌面上的男子甚至沒有被倒吊，只是把其中一支腳綁在木樁上，另一支腳彎在身後，呈現交叉的十字狀，讓人聯想到基督教常出現的畫作主題——耶穌受難圖（見第一四八頁圖表2-66）。我們或許可以藉此引伸，在這張牌中，也隱含了「面對困難時的祝福」，以及「用自我犧牲來成就所有人」等精神。

不過，當我們觀察維斯康提版塔羅牌（見第一五一頁圖表2-67），會發現圖中男子的上衣口袋，掉出一些類似金幣的東西，是想要暗示什麼？難道說，這些金幣是圖中男子的犯罪所得？又或是想要警醒世人，藉由詐騙、背叛等手法所獲得的利益，終將離你而去。

然而，提到背叛、耶穌受難這些關鍵字，又令人聯想到耶穌基督的第十三個門徒——加略人猶大（Judas Iscariot），他為了大祭司三十枚銀幣，不惜背叛上帝之子、出賣耶穌，導致後來耶穌基督的受難與復活，延伸出基督教重生與祝福的概念，這些《聖經》故事，彷彿都與倒吊人這張牌相互呼應。

6. 譯註：在瀑布下受苦冥想的修行。

圖表 2–65
巴克斯版倒吊人，讓人聯想到耶穌受難圖，隱含「用自我犧牲來成就所有人」的精神。

圖表 2–66
〈耶穌受難圖〉，安德烈亞．曼特尼亞（Andrea Mantegna）作。出處：羅浮宮美術館

不被世俗價值觀拘束，心靈就能獲得自由

當我們繼續探詢牌面上的其他線索，會發現在馬賽版塔羅牌，與巴克斯版塔羅牌中，掛著倒吊人的樹架上，各長出了一些新芽，其中，巴克斯版塔羅牌的牌面上是左右各三枝，一共六片新芽；而馬賽版塔羅牌的則是左右各六枝，一共有十二片新芽。從靈數學的角度來分析，數字六被視為是樂園或淨土，而新芽象徵著新生，兩者結合便有了生命之樹的概念；加上牌中主角彎起的單腳，藏有數字四的形象，所以可以發現在整張牌中，有許多關於數字三、四與六，或「三乘以四等於十二」的暗示。

根據熟悉東西方神祕學的專家松村潔，在其著作《用數學原理解讀塔羅牌》中表示：「從西元前到十七世紀左右，我們在一些哲學、宗教或思想領域中，常會見到許多由數字三與數字四，組合而成的符號概念……。」由於數字三象徵著創造力，數字四帶有安定、穩定的概念，所以他認為，由三與四所組合成的十二，是在暗喻：「在有條理的生活秩序中，疏導我們強烈的情緒波動與創造力，使其可以穩

定輪出與發展。」倒吊人雖然身體被禁錮，但心智與靈魂仍可天馬行空、不受限制，這也許就是數字十二的真正含義。

如果觀察萊德偉特版塔羅牌的倒吊人，會發現牌中主角的頭上圍繞著一圈光芒；雖然這張牌面上沒有樹架與新芽，但倒吊人被掛在像是T型十字架的樹上。

關於倒吊人頭上那圈光芒，在某些版本中會以月光來呈現，暗示我們的內在世界或精神層面，因修行而受到啟發；至於T型十字架，則象徵藉由冥想與反思，我們更接近了神性——倒吊在生命之樹的苦行，讓我們察覺內在新的世界。換句話說，這張牌中被禁錮的肉體，代表人們一直以來被世俗社會所形塑的價值觀，應該要予以捨棄，改用更心靈層面的體察與覺醒，重新建構世界與宇宙的秩序及真理。

來看看以榮格心理學為基礎繪製而成的榮格塔羅牌（The Jungian Tarot，見下頁圖表2-68），這張牌的背景是象徵陰與陽的能量場，牌中男人則懸浮其中，而一條象徵生命的蛇，纏繞在主角身上。在這個超越世俗價值觀、由能量組成的空間中，並不存在上下、高低的概念，男人逐漸被吸進深遠的世界中。

愚者之旅走到這個階段，之後等著的究竟是希望？又或是一片虛無？

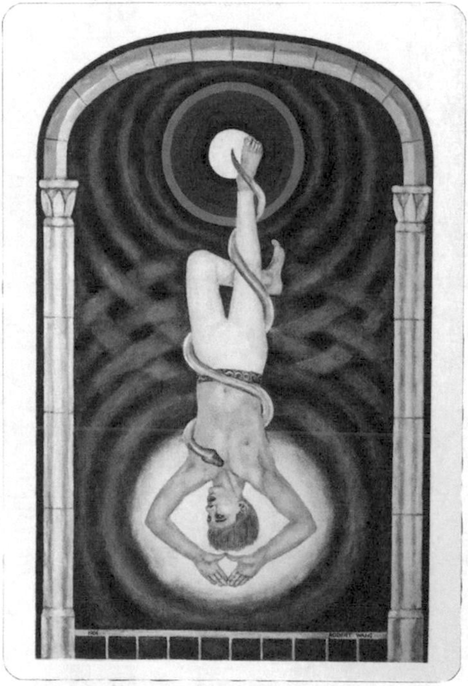

圖表 2–68
榮格版倒吊人，男人懸浮其中，
身上纏繞著一條象徵生命的蛇。

圖表 2–67
維斯康提版倒吊人，口袋掉
出類似金幣的東西，暗示藉
由詐騙所獲得的利益，終將
離去。

XIII 死神
Death

連結死亡與新生。
事物的終結、破壞和再生、型態上的完全改變……或違反自然、失序、災害與自我放棄。

愚者藉由XII倒吊人的苦行，進入內在宇宙的探索之旅，但他遇見的「XIII死神Death」將提醒他，生死流轉，才是生命最大的課題與奧祕。

面對自我，就是生命的本質

不論是死神字面上的意義，或牌卡上的骷髏形象，通常會讓一般人害怕或抗拒，但在塔羅牌的世界裡，對死神的詮釋可沒有這麼刻板與單調。

有些人可能會說，「都已經揮舞著巨大鐮刀、腳邊堆著無數屍體，難道死神不可怕嗎？」但別忘了，全球知名的漫畫與動畫作品《航海王》（*ONE PIECE*）中，主角的夥伴布魯克，雖然外形為骷髏，但他其實很可愛、詼諧。而且在不同的文化與傳統中，也有許多不可怕的骷髏，例如墨西哥的亡靈節，在每年的十月底、十一月初舉辦，當地人會一起追憶逝去的親人、朋友，並回想他們在世的愉快時光，大街小巷會裝飾著色彩繽紛的骷髏，這都在提醒我們，死亡是一種自然法則，並不恐怖，而且每個人終將要面對。

在歐洲中世紀流行一句拉丁文古諺：「Memento mori」，意思是「勿忘你終有一死」，也常伴隨著骷髏或死神的形象，這句話提醒我們，無論在世上擁有多少財富、名聲、榮耀，死亡都會平等降臨在每個人身上。所以當我們排除財富、名聲、榮耀或學歷、外貌等身外之物，所要面對的自我，才是真正生命的本質。

塔羅牌的原創發展階段，與「Memento mori」這句話的時代背景十分接近，所以這樣的概念，也深深影響死神牌的表現手法。

一般來說，大眾熟知的死神形象，大都出自於《新約聖經》（*New Testament*）的《啟示錄》，裡面記載著死神騎著一匹蒼白的馬，帶來戰爭、飢荒與瘟疫，而在塔羅牌中，死神腳邊常散落各種世俗的價值象徵，例如，在奧祕塔羅牌裡（見圖表

圖表 2–70
萊德偉特版死神，腳下有國王、貴族、神職者與平民的屍體。暗指在死亡面前，一切平等。

圖表 2–69
奧祕版死神，死神身旁散落鐮刀、皇冠、武器、藝術品等物品。

2-69），我們可以看到鐮刀、皇冠、武器、藝術品等；而在萊德偉特版塔羅牌中（見圖表 2-70），我們可以看到如國王、貴族、神職者與一般平民的屍體。這都在告訴我們：在死亡面前，無論身分地位與財富，一切皆平等。

尤其奧祕塔羅牌的死神沒有騎馬，他的坐騎是一隻狗，這典故來源可能是希臘神話中，看守冥府入口的地獄犬克爾柏洛斯（Kerberos），或是傳說中能察覺死亡逼近的黑狗，且在這個版本的卡牌背景中，還有一座彷彿聖殿的建築，描繪著生命之樹，與埃及生命之符的安卡。「死亡之前一切平等」的意象，在奧祕塔羅牌的死神牌中再次被強調；不論在哪個版本中，死神皆以平靜的態度凝視所有人。

在塔羅牌的大阿爾克納系統中，有一派說法認為，二十二張大阿爾克納牌，編號分別是零到二十一，所以只要兩張編號加總和為二十一的牌組，在牌義與解釋上，就會產生強烈連結，例如 0 愚者與 XXI 世界是正反相對的一組，而 I 魔術師與 XX 審判也是。

把同樣原則套用在 XIII 死神中，我們可以發現與它相對的是 VIII 正義，這無疑是在告訴我們，當我們不斷探問「何謂公平？」、「何謂正義？」，以及「世界上是否存在真正的平等？」時，或許唯有死亡，才是一切的解答。

直視生死才能透澈真理

在「Memento mori」的哲學思潮影響下，有許多藝術文化都圍繞著相關議題，其中，死亡之舞（Danse macabre）甚至變成這類創作的主題之一，例如，小漢斯・霍爾班（Hans Holbein）的〈死亡之舞〉（*Danse Macabre*）系列版畫中，就透過死神的骷髏形象，藏身在各階層人物的日常生活中，提醒人們死亡並不遠。而阿萊斯特・克勞利也在其著作《托特之書》中提到：「塔羅牌中的『死神』，正是『死亡之舞』這個主題的代表。」他還說：「這張牌已經提示了宇宙能量中最神祕的生命本質。」

再觀察漫畫家魔夜峰央所繪製的魔夜峰央塔羅牌中（見圖表2-71），死神牌的骷髏形象，依稀可以看到漫畫家水木茂作品中的妖怪形象——餓者骷髏，甚至與幕末浮世繪大師歌川國芳的〈相馬舊王城〉中，所描繪的骷髏也有幾分神似。

再對照小漢斯・霍爾班的〈死亡之舞〉系列版畫，我們不難發現，東西方文化在面對死亡時，同樣有著對「未知的敬畏」，與對「自然法則的接納」，才會不約而同的選擇用詼諧或魔幻的筆法來描繪這件事。

雖然死亡可以帶來真正的平等，但在這之後呢？和平之母塔羅牌試圖回答這個問題。

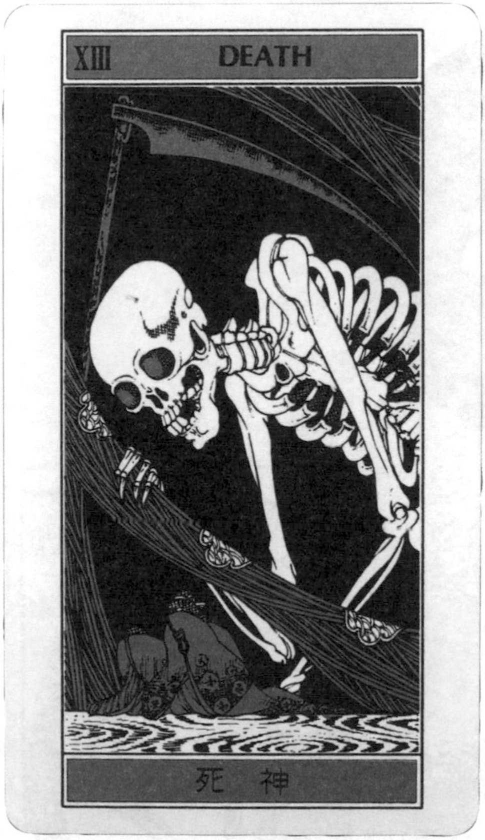

圖表 2–71

魔夜峰央版死神，形似浮世繪大師歌川國芳所描繪的骷髏。

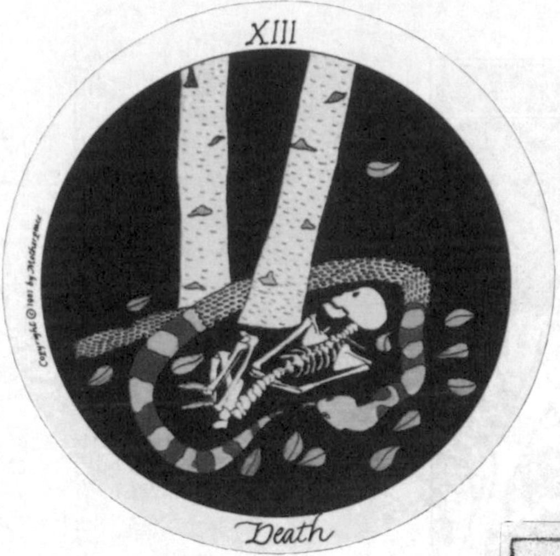

圖表 2–72
和平之母版死神，銜尾蛇環繞著骷髏，骷髏的養分孕育出生命之樹。

圖表 2–73
馬賽版死神，死神牌的名稱不在編號旁，暗示想了解世界與生命的真相，需要直視生死，才能透澈真理。

在和平之母塔羅牌中（見圖表 2-72），可以看見一具骷髏在銜尾蛇（Ouroboros）的環繞下，彷彿正要回歸大地，而大地吸收了骷髏的養分與能量，孕育出背景中茁壯的生命之樹。銜尾蛇象徵不斷運轉的自然與世界，而死亡通常伴隨新生。

愚者在第二階段的旅途中，開始探索內在世界，並遭遇生死流轉的人生課題。儘管死亡是一個悲傷又殘酷的過程，卻代表了平等的宇宙秩序，並帶來了新生命的希望。

如果從馬賽版塔羅牌（見圖表 2-73）來看，XIII死神與愚者之間，依稀相互呼應，尤其死神手持大鐮刀的姿勢，彷彿鏡射了當初拿著手杖的愚者，就算因此把死神視為是擺脫一切塵世裝扮的愚者，似乎也不為過，而且在馬賽版中，愚者牌沒有標注編號，死神牌的名稱不在編號旁，這些特別的暗喻，無疑在提醒我們，想了解世界與生命的真相，需要直視生死，才能透澈真理。

XIV 節制 *Temperance*

一切萬物均有其和諧境界。
平衡、調整、自我控制、適可而止
……或不協調、利益衝突、放縱。

愚者在XIII死神中，初得以窺見死生奧義，進一步走到「XIV節制 Temperance」，他將體會到超脫生命，由平衡與節制所創造的和諧境界。

四樞德之節制

我們在前面幾篇曾提過，在古希臘時代有所謂的四樞德（見第一一五頁），是當時人們所推崇的核心美德，而愚者之旅所遇到的第十四張牌，就是節制，可見這張牌在大阿爾克納牌組中的重要性。

如果單就牌面元素來分析，無論是萊德偉特版塔羅牌或馬賽版塔羅牌（見第一六三頁圖表2-74、2-75），在構圖上都十分相近——畫面中央有一名女性，正拿著水杯或壺，將其中的某種液體，倒入另一手的容器中。

從這名女性背後的翅膀，我們可以推測她是一位天使，再觀察她所身處的環境，她踩在某處水域，可能是池塘、一條河流，甚至是一處湖泊，而在萊德偉特版塔羅牌中，甚至還加上了遠方的背景——一座正在噴發熔岩的高山。此外，畫中這位天使般的女性，在包括馬賽版塔羅牌的許多版本中，頭上都散發著溫暖、神聖的光芒，這些元素構成了這張牌的主基調。

如果我們觀察更古老的維斯康提版塔羅牌（見第一六四頁圖表2-76），這位天使般的女性還沒有長出翅膀，從外觀來看，都還只是一名純樸、像平民或農民一般的女性。從她的外表和時代背景，我們推測她其中一壺裡裝的可能是葡萄酒，另一壺則是清水，她正在藉由調和葡萄酒與清水的比例，讓濃度恰到好處。

在古希臘時代，人們習慣把葡萄酒兌水喝，除了調出適合女性飲用的濃度之外，也隱含適量飲酒的生活哲學。直到現在，在德國或法國的部分地區，都還習慣把葡萄酒與碳酸飲料調和飲用，作為人們日常的佐餐飲料。

把飲料調和到最適切的濃度，正是這張牌的主要定義之一，也是愚者之旅對人生品質的追求，包括對平衡的掌握、調和技巧的熟稔，更是對於日常生活微醺、不過度飲酒的克制與推崇。

天使究竟在調和什麼？

剛剛說到，在節制牌中，**天使翅膀、頭頂光芒、腳邊水域與遠處火山等元素，都是在馬賽版塔羅牌後才出現**，為什麼會有這樣的發展與詮釋？我們試著從其他塔羅牌來尋找線索。

首先，在大阿爾克納牌組中第一次出現天使的形象，是在Ⅵ戀人牌，當時，塵世間的人們只注意彼此，並未留心出現在他們頭上的天使身影，但是等到ⅩⅣ節制時，牌面上的主角本身就是天使，似乎意味著愚者歷經兩階段的旅程，已經擺脫肉體枷鎖，往更高神聖性的靈魂邁進。而在此所出現的天使形象，也相近於《舊約聖經》中的基路伯，也意味著對更高神聖的追求，必須透過知識與智慧來達成。

再來分析萊德偉特版塔羅牌的節制牌，牌面背景有乾燥又炎熱的火山，以及潮

圖表 2–75
馬賽版節制，正拿著水杯或壺，將其中的某種液體，倒入另一手的容器中。

圖表 2–74
萊德偉特版節制，頭上散發著溫暖、神聖的光芒，為這張牌的主基調。

圖表 2–76

維斯康提版節制，推測在調和葡萄酒與清水的比例，代表對日常生活微醺、不過度飲酒的克制與推崇。

溼又冰冷的水域，各自代表熱、冷與乾、溼兩組二元性質的結合，從中可以延伸出古典希臘哲學中，構成世界的四大元素：熱與乾，會得出火元素；熱與溼，則會得到風元素；冷與乾，成為土元素；冷與溼，變成水元素。而牌面中天使所要調和的，就是這四大元素，當四大元素得以平衡，就能帶來風調雨順。

再者，節制牌中，天使額頭上的光芒代表了「第三隻眼」，讓我們得以窺看五感之外的精神世界；而當我們專注在形而上的精神世界，手上所要調和的水杯或壺，就可能代表意識與潛意識間的流動。如此一來，當我們回看夢想之路塔羅牌的廣大水域（見下頁圖表 2-77），便極有可能是我們豐沛的情感、創意與生命力吧。

這張節制牌在阿萊斯特．克勞利所創作的托特版塔羅牌（見下頁圖表 2-78）中，則有另一種創新角度的詮釋。

在托特版塔羅牌的節制，被重新命名為「Art＝技術」，畫面中描繪了一名兼具陰陽性質，雌雄同體、雙重面貌的奇特角色，正在朝一鼎大鑊中加入不明液體，這兩種液體似乎具有火與水的元素特徵；大鑊旁各有一隻像是元素守護者的老鷹及老虎，正在守衛著一場煉金儀式。當這些屬性完全相異的物質得以調和，一個新的世界便將從中產生。

圖表 2–78

托特版節制，正在進行一場煉金儀式。當屬性相異的物質得以調和，新世界便將從中產生。

圖表 2–77

夢想之路版節制，腳下一片廣大水域，極有可能是我們豐沛的情感、創意與生命力。

為什麼這張節制牌，在不同版本中，都如此強調調和這件事？根據薩莉・妮可斯在其著作《榮格與塔羅牌》中表示：「如果形而上與形而下的兩個世界，沒有經過天使或更高層次靈性的守護與引導，而任憑其隨機交錯干擾，將會導致生活混亂，帶來悲慘結果」，這也正是節制牌中的天使，藉由調和意識與潛意識，所要給我們的指導與提醒。

在前一張XIII死神中，我們曾提過，兩張牌編號相加等於二十一，代表彼此間有強烈連結，而與XIV節制相呼應的則是VII戰車，或許可以解讀為：真正的成功不在征服，而是透過技巧與智慧，讓矛盾或衝突的人、事、物，達到和諧的狀態。

這難道會是愚者在旅途中，所體悟的真理嗎？

XV 惡魔

The Devil

惡魔象徵著在深層潛意識中，被壓抑的部分。
暴力破壞、過度努力、濫用力量、黑魔法……或膽小、劣根性、失衡的人際關係、優柔寡斷。

塔羅牌不只是占卜或冥想的輔助工具，因其視覺、美術與神祕學的特質，也常被拿來當作大眾娛樂的商品與媒介。其中最著名的例子，就是在一九七三年的《零零七：生死關頭》（*Live and Let Die*）中，曾經出現過的「零零七塔羅牌」（又被稱為女巫塔羅牌，Tarot of the Witches）。而在它之後，全世界更有許多藝術家與設計師，前仆後繼的設計出專屬自己風格的塔羅牌，例如本書介紹過的，魔夜峰央塔羅牌與達利塔羅牌等，甚至連漫畫大師手塚治虫作品中的人物角色，也曾經被拿來做成手塚風格的塔羅牌。

塔羅牌商品化

在介紹「XV 惡魔 The Devil」之前，特別先說明這一段的原因是，我們首先要分享的星際旅人塔羅牌（Starman Tarot，見下頁圖表 2-79），正是商品化的塔羅牌作品之一。

星際旅人塔羅牌的作者是藝術家達維・德・安吉利斯（Davide De Angelis），他曾替搖滾巨星大衛・鮑伊（David Bowie）做過舞臺設計，所以他在繪製這套牌時，也特別以大衛・鮑伊為靈感；甚至連惡魔牌也充滿魔幻的繽紛色彩，簡直就像是視覺系搖滾樂團的主唱一般充滿魄力。

之所以特別用星際旅人塔羅牌來介紹這張牌，除了搖滾樂本身與惡魔有著千絲萬縷的關係，另一個特點是，**哪怕是星際旅人塔羅牌，這種結合新創藝術與大眾娛樂商品的塔羅牌作品，其中仍必須保有大量傳統塔羅牌的元素與象徵，才能算有塔羅牌的基本功能。**

以星際旅人塔羅牌的惡魔為例，牌面中央的惡魔、腳邊有兩名僕人（也可能是奴隸），都依循正統惡魔牌的構圖設計，亦即源自基督教聖父、聖子、聖靈——三位一體的變形，來作為惡魔牌的象徵。

圖表 2–79
星際旅人版惡魔，商品化的塔羅牌，由藝術家達維．德．安吉利斯創作，牌組充滿魔幻的繽紛色彩。

惡魔牌由什麼典故中發展出來？有人認為可能是祆教（Zoroastrianism）傳說中，與善神阿胡拉．馬茲達（Ahura Mazda）對立的絕對毀滅者阿里曼（Ahriman）；也有人說，他是《浮士德》（*Faust*）中，引誘人們前往黑暗世界的梅菲斯特（Mephisto）；更有人從他在馬賽版塔羅牌中（見下頁圖表2-80），長出的一對蝙蝠翅膀，推測他是基督教傳說中光之使者——大天使路西法（Lucifer），後來被神趕出天堂成為墮天使，也就是惡魔撒旦（Satan）的化身。但無論哪一種說法，都尚未獲得證實，而惡魔之所以成為惡魔，也充滿謎團。

先前在V教皇時曾提到，教皇與惡魔的構圖十分相似，如果大家對照萊德偉特版塔羅牌的這兩張牌（見第九十頁圖表2-28，及下頁圖表2-81），更容易發現其中的巧合之處：他們都舉起右手、左手拿權杖，前方有兩名僕人（或信徒）。在教皇牌中，兩名信徒間有一副鑰匙，剛好對應惡魔牌中被鎖鏈鎖住的兩名奴僕。

為什麼神在人世間的代言人、神職的頂點、地位甚至超過萬國君主的教皇，會被拿來與惡魔相呼應？我們可以從幾個線索來分析。

圖表 2–81
萊德偉特版惡魔，和教皇牌的構圖極為相似，兩者之間有什麼關聯？

圖表 2–80
馬賽版惡魔，背後長出一對蝙蝠翅膀，推測為惡魔撒旦的化身。

惡魔與教皇的祕密

首先從靈數學的角度來看，XV惡魔與V教皇這兩張牌，都是以數字五為基礎，數字五可看作為五芒星，除了引申為人的頭與四肢外，也是人類的象徵。而惡魔牌的編號數字十五，則可拆解成五加五加五，可解讀為過度強調人性，導致扭曲了本性。從以上線索，我們可以大膽假設，當擁有世俗絕對權威，與強大領導力的教皇，如果過於倚重這些不屬於人類本身的力量，就有可能會偏斜，進而做出可怕的事。

我們在現實生活中，可以找到許多類似的例子，比如一開始追求身心靈提升的新興宗教，在影響力變大後，漸漸變成奇怪的邪教；或是充滿熱情與抱負的企業家，在事業壯大後，因利慾薰心，變成黑心企業的老闆，這些都是過度強調人性與私慾的結果。在人類追求至高至善的過程中，很容易一步踏錯，便墜入黑暗深淵，這也正是五加五加五所要告訴我們的寓意。

如果進一步運用靈數學基本數的概念，將惡魔牌的編號十五，拆解為一加五，便會得出數字六，再利用先前所提到：兩張牌編號相加等於二十一，代表彼此間有強烈連結，便可得知Ⅵ戀人與XV惡魔間有著強烈呼應的關係。

又如果，我們認同惡魔是戀人的黑暗面，那在戀人所做出的錯誤選擇，便會成為惡魔奴役我們的養分，正如同伊登．格雷在其著作《完全解析塔羅牌》曾說：「惡魔是人類自己創造出來的，而且，人們常因為自己錯誤的選擇，而受到束縛與奴役」。

說到底，人類原本就是不完美的存在，與生俱來便擁有原

圖表 2–82　和平之母版惡魔，強調男性本位主義對所有人的壓迫。

罪。當人們無法認清自己的不完美，就有可能失控，成為其他人眼裡的惡魔。而越優秀、影響力或是權力越大的人，化身為惡魔的可能也越大，如同教皇與惡魔所帶來的啟示——人性與邪惡往往一體兩面，兩者之間僅有一線之隔。

在類似的概念下，有些版本的惡魔牌，會有不同的著眼角度。例如和平之母塔羅牌（見上頁圖表2-82），同樣強調人性的私慾，但它更在意的是男性本位主義對所有人的壓迫，所以在它的惡魔牌中，所有惡魔都有男性特徵，提醒我們對性別霸權應該更加節制。而在妮可麗塔·瑟可莉塔羅牌中（見下頁圖表2-83），惡魔已經失去「人」的形體，強調過於執著於外表，會讓自己被心魔吞噬，甚至超出人性的界線，失去最後一絲人性。從這兩個例子來看，在二十一世紀的現在，原本的組織倫理，可能成為權勢壓迫的工具；對美的追求，也有可能塑造出怪物。這樣解讀，是不是對惡魔牌有更深一層的理解了？

在XIV節制中，我們推崇平衡、調整與克制所帶來的和諧；而在XV惡魔中，我們警告因私慾、執著所犯下的惡行，但這都是人類自己創造出來的不同情境。如果仔細觀察牌面，惡魔腳下被鐵鍊捆綁的奴隸，似乎有機會掙脫鎖鏈，那我們或許也可以期待，在愚者之旅的最後一個階段，仍有可能獲得身心靈的解放。

圖表 2–83
妮可麗塔．瑟可莉版惡魔，失去「人」的形體，暗示過於執著於外表，會被心魔吞噬，失去最後一絲人性。

XVI 塔

The Tower

無論是否接受，劇變終將來臨。結果是好、是壞，端看你如何應對。崩壞、瓦解、事物面臨考驗、當頭棒喝、被迫解放……或蒙受誣陷、逆境衝擊、災難意外。

在西方文明之中，與塔相關且最著名的故事，應該就屬《創世記》（*Book of Genesis*）中的「巴別塔」（Tower of Babel）了。

當時，地面上同文同種的人們發展繁盛，甚至漸漸萌生了傲慢之心。這些人狂妄的說：「來，我們要建一座城，並且蓋一座通天高塔，以彰顯我們的能力；讓所有人不論身處何方，一眼就能看到這座高塔。」神看見這些狂妄的人們毫無敬畏之心，思忖著他們建起高塔後，只怕會更加肆無忌憚，便決定要給這些人一點教訓。祂打亂了這群人所使用的語言，讓他們彼此無法溝通，於是建塔工程被迫中止，城裡的人們也分散到各地。

這座「塔」會是巴別塔嗎？

這段故事，一般用來警惕人們要常懷對神的敬畏，不要因為虛榮或傲慢，妄想人定勝天，引來神罰天譴或大自然的反撲。而十六世紀的荷蘭畫家老彼得·布勒哲爾（Pieter Bruegel de Oude），也曾經依據此故事，繪製了一幅名畫〈通天塔〉（*The Tower of Babel*，見下圖表2-84），相當具有警世寓意。

圖表2–84　老彼得·布勒哲爾繪製〈通天塔〉（維基百科公有領域圖像）。

因為巴別塔的故事流傳廣泛，所以塔羅牌中的「XVI 塔 The Tower」，通常也被認為是在象徵巴別塔。又由於這個故事當中，最後招致了天譴與神罰，所以塔通常與死神、惡魔這幾張牌，並列為是較不吉利的牌卡。

我們先排除刻板印象，來觀察牌面構圖。無論在馬賽版塔羅牌或萊德偉特版塔羅牌中（見第一八一頁圖表 2-85、2-86），元素都很類似：牌面中央有一座塔、王冠形狀的塔頂遭受破壞、摧毀塔的能量來自天上、有兩個人似乎從塔裡掉到地面。

有些人可能會從王冠形狀的塔頂，解讀「這座建築物正受到王權，或更高權力的保護」，有些人則可能會針對馬賽版塔羅牌的構圖，提出不同意見，例如，塔不是被外力襲擊，而是有一股能量（可能是不死鳥〔Phoenix〕？）從內而外衝破塔頂、飛向天際。而塔邊的人們，則因受到驚嚇而跌倒，並不是從塔上墜落。但無論是有東西衝破塔頂，或是高塔遭到外力破壞，整座建築都已呈現崩潰狀態，畫面中的人也無可避免被這場災難波及。

從托特版塔羅牌或薰子塔羅牌（Stella's Tarot）中（見第一八二頁圖表 2-87、2-88），可以明顯看出，這股襲擊高塔的能量，來自牌面上方的「神之眼」。這典故似乎是出自古埃及的太陽神拉（Ra），祂用一隻眼睛創造出毀滅之神塞赫麥特

（Sekhmet），並讓祂消滅那些不尊崇神祇的人們。

從托特版塔羅牌的塔牌看起來，這股能量特別驚心動魄，彷彿毀天滅地般席捲地面，所以連知名RPG遊戲「SaGa 未拓領域」也借用了這個概念，把遊戲中最強大的攻擊魔法命名為塔，其效果是「以超高破壞力，一次消滅複數敵方角色」。可見塔=破壞的說法，廣泛被大眾接受，甚至滲透到日本的娛樂產業當中。

但我們仔細回想巴別塔的故事，在故事中，神並沒有直接出手破壞這座通天高塔，而是藉由打亂語言的方式，讓工程被迫停止，跟我們一般所理解的神罰或天譴，甚至某些版本的塔牌中，神降下雷擊或天火，還是有些許差異。難道這張牌，還有其他解釋嗎？我們或許可以從法文、西班牙文，以及大眾文化中找到線索。

這張牌在某些法文或西班牙文的版本中，又被稱為「La Maison Dieu」，或「La Casa de Dios」，意思是「神之家」，或「神的殿堂」（在另外一些版本中，甚至被稱為惡魔之家），在當時，指的是教會或教會的附屬機構，被世俗權力所控制。

如果我們從大眾文化的角度切入，塔在許多文學或影視作品中，都被拿來當作禁錮重要人質，或收藏珍貴寶物的地方，例如，迪士尼（Disney）著名的動畫電影《魔髮奇緣》（*Tangled*），公主被關押在高塔上，等待王子拯救。換句話說，塔有

圖表 2–86
萊德偉特版塔，塔頂遭受破壞，有兩個人似乎從塔裡掉到地面。

圖表 2–85
馬賽版塔，有一股能量從內而外衝破塔頂、飛向天際，塔邊的人們，則因受到驚嚇而跌倒。

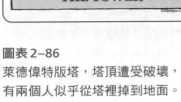

圖表 2–88
薰子版塔，上方的神之眼襲擊高塔，出自古埃及的太陽神拉與毀滅之神塞赫麥特的典故。

圖表 2–87
托特版塔，襲擊高塔的能量，來自於牌面上方的神之眼。

了反派的意義，是王冠（世俗權力）用來箝制人性的地方；而來自上天的能量破壞了塔，則代表「對禁錮的解放」，而非「破壞與毀滅」。遭受衝擊而墜落地面的人們，可能是世俗權力的捍衛者（高塔守衛），在解放過程中被拋棄；或是在解放過程中，無辜遭殃的村民。

但不論是神的制裁——用天火神罰來懲戒傲慢的人類；或神的救贖——用外力解放被禁錮的人們，這座塔終究被破壞了，暗喻現有的一切將面臨夷平與清算，所有人都要接受結果，從頭開始。

遭遇破壞後，難道只有絕望嗎？不同版本中，給了我們一些關於未來的期待。以黃金黎明版塔羅牌來說（見下頁圖表2-89），跟著人們一起墜落的，還有代表陰性與陽性的黑白圓球；而在馬賽版塔羅牌中，圓球變成四種顏色，象徵著構成世界的四大元素，甚至此版本的人們，看似撲跌在地面上，但他們的動作，是在摘取地面上的生命糧食。這些細節，都表示**塔牌並不只有破壞與失去，也象徵重建與新生**。

最後回到巴別塔的故事。雖然人們因為神的懲罰，有了不同語言、文化，被分散到世界各地，但這些人們也在不同的地方落地生根，孕育出不同的文明與社會，以至於當下看起來是破壞，但是從長遠或更高層次的角度觀察，反而促成了多元與繁榮。

愚者之旅走到這，經過傲慢與慾望的XV惡魔考驗，又經歷了XVI塔的崩塌，所獲得的並非只有負面結果。那些被世俗權力及扭曲價值觀所禁錮的人性光輝，因為塔的崩壞得到解放，被束縛的心靈也將衝破高塔、飛向天際。

從天而降的神罰清算了一切，塔牌讓我們再次回歸虛無，也預示著重新開始的機會即將到來。自倒吊人開始的第二階段的旅程，也將迎來終點。

圖表 2–89
黃金黎明版塔羅牌，代表陰性與陽性的黑白圓球與人們一起墜落。

XVII 星星 *The Star*

不管哪個時代，人們總是會向著星空許願。
希望、理想、靈感、無條件的愛……或傲慢、恣意妄為、遺失、悲觀、錯誤的期待。

從「XVII 星星 The Star」開始，愚者之旅迎來新階段。我們可以感受到，這是一個關於「啟示與自我實現」的階段，因為在前一段旅程中，所有關於現實世界與自我意識的框架，都已經在 XVI 塔中遭遇破壞或解放，世俗所認可的一切好壞，都已經清算完畢，愚者得以用嶄新的自我，邁向第三階段的新世界。

清透藍天下的輕盈世界

這一點在萊德偉特版塔羅牌中尤為明顯。我們不妨預先觀察從 XVII 星星，到 XX

審判為止的連續四張牌，牌面背景已經脫離XV惡魔與XVII塔的一片黑暗與絕望，展現出清透藍天，在這片藍天下，充滿著超現實的氛圍——各種天體運行不止，讓我們所關注的議題，能從塵世間的紛紛擾擾，轉向一個更偉大的宇宙真理，彷彿身處在不受傳統框架，及社會價值所干擾的輕盈世界中。

我們可以看見XVII星星、XVIII月亮、XIX太陽，並聆聽天使吹響XX審判的號角。這四張牌所描繪的世界，彷彿也彼此相連，星星牌腳邊的溪流，得以在月亮牌中，匯聚成一泓池水。愚者之旅第三階段的舞臺，即將在這個輕盈世界中開啟。

在理解第三階段的背景後，我們回到星星牌。可以看見在燦爛的星空下，有一名女性雙手拿壺，正在將壺中液體倒入腳邊的土壤及湖泊（見圖表2-90）。在柏拉圖的哲學思考中，有「宇宙中的所有生命，其本質都是緊密相連的」這種思維，以此推測這名女性所代表的，極有可能是世界之靈（Anima Mundi）＝宇宙的靈魂。

但如果我們沿著大阿爾克納的順序，有人會認為她是在前一張塔牌中，被禁錮的珍貴事物，或是從她手邊的壺，猜測她可能是在節制牌中，調和水與葡萄酒的天使，直到星星牌時，她已經完成了這份神奇的飲料，就是她壺中所承裝的神酒

（Nectar），而她也準備履行使命，將神酒奉獻給奧林帕斯山（Mount Olympus）的諸神所享用。那她所代表的形象，便有可能是希臘神話中，掌管死亡與再生的女神波瑟芬妮（Persephone）。

圖表 2–90
萊德偉特版星星，燦爛星空下，一名女性雙手持壺，將壺中液體倒入腳邊的土壤及湖泊。

指引方向、寄託心願的星星

既然這張牌被稱為星星，那牌面上的閃耀星空，又要帶來什麼啟示或指引？

在大多數版本中，星星牌的夜空裡，會點綴八顆燦亮的星星，其中一顆比較大的位於牌面正中央，另外七顆較小的則環繞周圍。有些人一看到七顆星，就會直覺聯想到北斗七星，中間那顆較大的星星，便有可能是北極星，但如果把正中央那顆，當作是代表埃及伊西斯女神的天狼星（Sirius），環繞周圍的便有可能是獵戶座。無論哪一種說法，水手航行於黑暗中，都需要依靠星星，引領船隻前行。

另外還有一些說法認為，星星牌中的主星是金星，而牌面人物則是女神維納斯（Venus）。人類可以直接看見金星，它是僅次於太陽與月亮的最亮星體，而維納斯是希臘神話中，掌管愛與美的女神。

有些人會從牌中主星的八芒星形象，推測它可能是《聖經》中，指引東方三博士前往耶穌降生之地的伯利恆之星（Christmas Star）。近代大家比較常見的是五芒星，尤其當大家慶祝聖誕節時，裝飾在聖誕樹頂端的伯利恆之星，幾乎都是五芒星，所以在薰子塔羅牌中（見圖表 2-91），牌面主星便是五芒的形象，這或許跟聖誕樹的大眾文化有關。

但無論它是北極星、天狼星、金星或伯利恆之星，五芒星或八芒星，在人類文明中，它們都具有「指引人們方向」的意義。尤其天狼星，它不只是銀河系中可見的最亮恆星，還預示了尼羅河的氾濫，與農作物的播種與收成，更是古埃及文明的興衰之所繫。

圖表 2–91
薰子版星星，近代較常見五芒星，所以正中央的星星便以此為主。

而在不同版本中，也有不同詮釋。例如榮格塔羅牌（見圖表2-92），就為星星畫上了一隻上帝之眼（Eye of Providence），象徵著「神的全知全能」，且在此版本中，特別用不同顏色（金色與銀色）的壺，代表意識與潛意識之間的調和。在馬賽版塔羅牌中（見第一九二頁圖表2-93），牌面主星是象徵金星的紅色，而圍繞在周圍的星星則有藍色、黃色。一般認為，黃色代表自我意識得到昇華，藍色則是心緒沉澱後的靈性累積。至於在《托特之書》中所描繪的星星，則用螺旋狀光芒，暗指星星的精神之光。

有些對星星會解讀成「自由奔放」的意象，原因出自於萊德偉特版塔羅牌，與馬賽版塔羅牌中，都在星星牌的背景裡，點綴著一隻站在樹枝上、準備振翅高飛的小鳥。

在和平之母塔羅牌中（見第一九二頁圖表2-94），這隻小鳥已經勇敢飛向天際，正享受著自由的生命；而牌面中的女性，則在八芒星的照耀下，接受從天而降的生命之水，彷彿在為充滿希望的未來，儲備滿滿的能量。

日本重金屬樂團人間椅子，曾發表過一首單曲〈無情的擬聲吟唱〉，歌詞中有一段與星星有關的描寫，可見不論是哪個時代、哪個文明，當人們抬頭仰望星空時，總不免將希望寄託在繁星的見證下，而XVII星星也用它溫暖的光芒，引領愚者探尋這個新世界，或許在不遠處，愚者終將實現他的希望與理想。

圖表 2–92
榮格版星星，星星畫有一隻上帝之眼，象徵著神的全知全能。

圖表 2–93

馬賽版星星，主星為象徵金星的紅色，其他為藍色、黃色的星星。黃色代表自我意識的昇華，藍色則是心緒沉澱後的靈性累積。

圖表 2–94

和平之母版星星，牌中女性在八芒星的照耀下，接受從天而降的生命之水，正在為未來儲備能量。

XVIII 月亮

The Moon

夜晚世界的寧靜守護者。
直覺、焦慮、欺瞞、妄想、背叛、意識的流動、想像力……或不安定、藉由犧牲換取和平。

日本有一部名為《消失》的劇場作品，是由劇作家小林一三擔綱製作及演出，劇中以月亮為背景，描述了一段關於人性的故事：在某個未知的年代、未知的地方，天空中高掛兩顆月亮，其中一顆是原始月球，另一顆是人造的仿月球基地。

原本在仿月球基地上，移居了許多人類，後來因為地球上發生戰爭，所以無法持續補給仿月球基地上的一切物資，以至於人造月亮，漸漸變成一個死亡世界。地球上的人們，只能眼睜睜的看著第二顆月亮失去生機。雖然人們心中因此感到恐懼、懊悔、哀傷與不捨，但是只要一抬頭，就能看見這樁慘劇，荒謬的高懸在夜空之中……。

這齣戲的背景設定，簡直就是科幻版巴別塔：傲慢人類妄想透過科技之力，造出一座烏托邦，最後卻毀於人類之手。原始月亮不斷照耀大地，而人造月亮，則成為夜空中彰顯人類愚行的墓誌銘。

月亮的千種面貌

賦予月亮各種寓意的，並不是只有這齣舞臺劇。自古以來、不論東西方，在夜空中皎潔的明月，總是被人們賦予各種藝術或哲學性的詮釋與象徵。人們只要抬頭就能看見，而隨著它的陰晴圓缺，也常被人們擬人化，想像出月亮的表情與故事。如同愚者之旅遇見的「XVIII月亮 The Moon」一般，各種版本的月亮牌，也不約而同的為它畫上臉孔或表情。

無論是馬賽版塔羅牌、萊德偉特版塔羅牌（見圖表2-95、2-96），或黃金黎明版塔羅牌（見第一九七頁見圖表2-97），牌面的圖像元素都相當一致。首先是清透藍天下的皎潔明月照耀大地，池塘邊有兩隻犬型動物，對著月光低吼；池塘裡有一隻龍蝦，旁邊則有一條小路，通往到遠方的兩座塔樓或城門之間。

圖表 2–96

萊德偉特版月亮，池塘裡有一隻龍蝦，旁邊有一條小路，通往遠方的兩座塔樓或城門之間。

圖表 2–95

馬賽版月亮，明月照耀大地，池塘邊有兩隻犬型動物，對著月光低吼。

兩隻犬型動物，彷彿是日本傳統神社門口的狛犬，守衛著人間與神之領域的分界線；也有可能是看守人間與冥界入口的地獄犬——克爾柏洛斯。牠們對著月光低吼，暗示在我們踏進更高層次的意識領域前，我們將無可避免的，面對自我原始的獸性。

在馬賽版塔羅牌中，遠方的城門或塔樓，其中一座有打開門，另一座則是緊閉；在黃金黎明版塔羅牌中，則是用一藍、一紅加以區隔。這二元對立的城門象徵，似乎暗指池塘邊的小路，將通往超脫一切原型束縛，與現實世界及自我意識，前往最終的應許之地。這也是愚者踏上新世界後，在XVII星星的指引、XVIII月亮的照拂下，即將抵達的最終路徑。

以當代人們對天體及物理學的理解，太陽能自己發光、發熱，主宰著白晝的世界，月亮則是反射太陽光，代替太陽成為夜空中的光源。如果投射在個人上，太陽就是我們的主觀意識與行動力，月亮則代表我們對外在事物的反射，也就是內心深處、無意識的世界。

牌面中的水域，是我們主觀意識與潛意識之間的界線，而棲身在水域中的龍蝦，則象徵著「意識啟蒙的初期階段」；因為龍蝦是遠古生物，自史前時期，外型幾乎沒有什麼改變（此說法出自《完全解析塔羅牌》一書）。也如同薩莉・妮可斯在其著作《榮格與塔羅牌》一書中所說：「牌面中出現幾萬年來都未曾演化過的龍蝦，象徵著自己從未被破壞的原始本質。」

月如明鏡，是內心對外在所有事物的投射與反應，但因為月亮牌代表我們真實的感受與情緒，所以在夜空中映照出來的真實，也包括人性與社會的黑暗面。就如同古代對於精神病患（lunatic）的理解，認為人的焦慮、妄想、隱瞞與幻覺，都源自於月亮（Luna）的影響。

月亮其實不僅是照耀夜空，更像是在《消失》這齣戲中所暗示的，也會誘發人心最深處的黑暗。

圖表 2–97
黃金黎明版月亮，牌中龍蝦，象徵著人們從未被破壞的本質。

各種湧動情感，都是最真實的自己

為什麼在給我們XVII星星的希望之後，又強迫我們去面對XVIII月亮的黑暗？榮格塔羅牌對此提出了它的詮釋（見圖表2-98）。

在榮格塔羅牌的月亮牌中，主角踏上了水邊小徑、穿過野獸盤據的草原，在塔樓之間面對大地之母，而在她的凝視下，我們無從逃避、無從隱瞞，必須重新審視自己的內心、面對自己的害怕與恐懼。

阿萊斯特．克勞利在《托特之書》中則這麼說：「在暗夜的丘陵上，所有無以名狀的謎團、恐懼與害怕，都具體化為黑色高塔，矗立在眼前……繼續往前走，那可能是生命的開端、也可能是死亡的入口……在這片黑暗中，所有偏見、迷信、陋習與世仇將混雜在一起，讓月光下的小徑變得混沌與黑暗。想踏上這條路，必須擁有無比的勇氣……。」無論是任何人，在擁有希望之前，都必須正視自己內心的黑暗，這可不是一件容易的事。

但是在輕盈世界中的月亮，難道只有黑暗、恐懼與欺瞞？不妨回頭看看馬賽版

圖表 2–99
1JJ 瑞士塔羅牌，在月光的照拂下，男女間彼此奏響愛之歌，傳達各自的想法。

圖表 2–98
榮格版月亮，在大地之母的凝視下，我們必須面對內心的害怕與恐懼。

塔羅牌、萊德偉特版塔羅牌，及黃金黎明版塔羅牌中，牌中月亮所散發出的慈悲之光，平等的灑落於眾生萬物之上；而它所主宰的潛意識與內心世界，同樣也是藝術家創造力與想像力的源頭。如同《消失》這齣戲所提醒我們的：唯有地面上的人們，願意直視第二個月亮所象徵的傲慢與愚蠢，我們所身處的扭曲世界，才有機會被導正，也才能獲得另一個嶄新的未來。

如果我們願意正視心中的黑暗，將其化為創作能量，透過輸出與傾吐，將能創造出正面的影響，如同皎潔的月光，平等照在大地上，撫平我們內心的情感波動，給予我們面對黑暗、恐懼與欺瞞的勇氣。

在漫長的人生旅途中，我們總是會有各式各樣、或好或壞、正面或悲觀的情緒，這些在我們心中不斷流動的人、事、物，它都毫無保留的接納與照拂，就像IJJ瑞士塔羅牌所描繪的場景（見上頁圖表2-99），在月光的照拂下，男女彼此奏響愛之歌，傳達各自的想法，而這就是它對我們最大的祝福。

月亮總是安靜的在夜空中凝視萬物，它溫柔的看著最好的你，也看著最糟的你，它冷冽嚴峻到彷彿不帶情感、讓人恐懼；卻也包容、接納一切。

XIX 太陽 *The Sun*

無論如何，太陽終將升起。確切的回報、幸福、圓滿、明朗清晰、榮耀……或不顧他人、自我中心、自我感覺良好。

在希臘神話中，有一個故事叫做「伊卡洛斯之翼」（*The Myth of Daedalus and Icarus*）。故事中有一名優秀的工匠代達羅斯（Daedalus），接受了當時的國王米諾斯（Minos）的委託，要興建一座迷宮，以藏匿國王牛頭人身的兒子，不被世人所知曉。但是在迷宮建成後，國王還是擔心祕密被揭發，於是便將代達羅斯與他的兒子伊卡洛斯（Icarus），一起囚禁在迷宮的高塔上。

聰明的代達羅斯預先想好逃離方法，他用蠟把鳥的羽毛黏在身上，並用線材綁緊固定，做成飛行翼，但因材質關係，在行動之前，代達羅斯特別叮囑兒子：「一定要拿捏好飛行高度。飛得太低，飛行翼會被海水打溼而無法揮動；飛得太高，則會因為太陽的溫度而融化……。」一開始，伊卡洛斯牢記父親的警告，維持一定的飛行高度；但沒多久，他漸漸得意忘形，興奮的揮動著飛行翼、不斷向上攀升，後來因距離太陽太近，導致蠟融化、羽毛一片片掉落，伊卡洛斯也因此墜入海中。

伊卡洛斯之翼的寓意

這段故事給予後世的啟示，大略可分為兩個面向。第一，人類的技術與科技，或許可以克服許多難題，但是在應用這些技術時，仍必須對大自然保有敬畏之心，以免因過度狂妄與傲慢，招致大自然的反撲。故事中的太陽，象徵著絕對的權威與不可忤逆的力量，所以這則故事在警告渺小的人類，有許多事情不應輕易挑戰，以免招致災禍。其中，太陽所代表的權威與強勢力量，正是大阿爾克納牌組中，「XIX太陽 The Sun」所代表的主要概念之一。

太陽是地球上一切生命的根源，給予眾生萬物光亮與溫暖，同時也是不容挑戰的強勢存在。不同於月亮的冷靜、旁觀，太陽清楚照亮每一吋空間，不容許任何一點模糊與曖昧。與月亮相比，太陽的強勢與不容妥協，更像一把雙面刃，所有過於

圖表 2–101
馬賽版太陽，其中一位似乎正在開導另一位滿臉困惑的孩子。

圖表 2–100
維斯康提版太陽，有一名孩童作為太陽的主要意象。

靠近的事物，都有可能瞬間被它燃燒殆盡。它是理性、清晰的邏輯，更是不容辯駁的真理。

愚者之旅在最後階段，藉由XVII星星的指引，在XVIII月亮中學會與自己的黑暗面共處，但是面對XIX太陽，愚者沒有太多逃避與躲藏的空間，除了面對真理之光，我們的軟弱無所遁形。

太陽的編號是數字十九，從靈數學的角度分析，「九＋十＝十九」，在編號九的隱者手上，那盞幽微的提燈光亮，經過了一整個輪迴（編號十命運之輪）的歷練，在編號十九的太陽牌中，終於獲得了自我發光的能量。而當初那位隱居的聖人，不斷的往內在探索與自省，終於打磨出智慧的光輝，像個開悟的孩子般，理解「真理本身是不受束縛的」，於是終於超脫輪迴，宛如新生。

不論在維斯康提版塔羅牌、馬賽版塔羅牌（見上頁圖表2-100、2-101），或萊德偉特版塔羅牌中（見圖表2-102），都有一名孩童作為太陽牌的主要意象，根據鏡隆治所出版的《塔羅牌的祕密》一書中所描述：「如果參考占星學的說法，太陽是獅子座的守護星，而獅子座是黃道十二宮中的第五個星座，所以太陽也是第五宮的宮主星。第五宮除了掌管愛情，更與『子女或兒童』有關……。」所以兒童的意象出現在太

圖表 2–103
托特版太陽，透過太陽的解放與進化，回歸到當初潔淨、單純的心靈。

圖表 2–102
萊德偉特版太陽，孩童騎著白馬，象徵著純潔者與聖獸。

陽牌中，並不奇怪。

此外，如果我們參考榮格心理學中的「原型理論」，其中，「永恆少年」這個原型，不僅是最初被創造的存在，也是最後被創造的存在。他在大阿爾克納牌組的最初，用愚者的形象出現，帶著身旁的小狗，一起遊歷世界；到大阿爾克納牌組的最後，反璞歸真般以孩童的身姿，閃耀著真理之光，象徵純潔無瑕的生命本質再次昇華。而太陽牌中，孩童騎著白馬的形象，也象徵著「純潔者」與「聖獸」同行，似乎與先前介紹過的「獨角獸與純潔少女」遙相呼應。

一個乾淨、明亮的新世界

在某些版本，例如馬賽版塔羅牌或托特版塔羅牌中（見上頁圖表2-103），都出現了兩個孩子，如果我們順著這條線索，會發現月亮中的兩隻小狗、惡魔中兩個被束縛的奴僕，都有著相似結構。

再仔細端詳馬賽版塔羅牌中，太陽牌中的兩位小孩，其中一位，似乎正在開導另一位滿臉困惑的孩子。從這些細節判斷，可以推測出左邊的孩子，在惡魔中曾被慾望束縛，在月亮時曾失去理智而露出野性，如今經過太陽的解放與進化，又回到當初潔淨、單純的心靈。

如果從惡魔的編號十五的角度切入，它與編號十九的太陽相差四，我們可以藉此推測，塔羅牌的太陽，透過構成世界的四大元素，淨化了惡魔，將內心被私慾捆綁的靈魂，從惡魔手中釋放。這樣的喜悅，在和平之母塔羅牌中尤其明顯。

在和平之母塔羅牌的太陽牌中（見下圖表 2-104），各種男

圖表 2–104
和平之母版太陽，人與動物和平共處，呈現出生命的活力，萬物平等、互助的美好景象。

女及長頸鹿、斑馬等動物和平共處，呈現出生命的活力，萬物平等、互助的美好景象，這也正是太陽給予愚者之旅的最後祝福，它應許了我們一個乾淨、明亮的嶄新世界。

縱使未來充滿明亮的希望，也別忘了一開始的「伊卡洛斯之翼」故事；在塔羅牌的世界中，所有事情都有正反兩面，而太陽牌所給予的提醒，正如此故事，當我們覺得一切都往好的方向發展時，必須警惕自己，觀察自己是否出現傲慢、自大、自我感覺良好等態度。尤其記得，在所有「絕對的力量」面前，我們要更謙卑。

XX 審判

Judgement

過去的經歷，將決定新世界的樣貌。救贖、重新開始、奇蹟似的復活、決定性的轉折……或在仲裁中失利、無能為力、被迫分開。

「那些日子的災難一過去，日頭就變黑了，月亮也不放光，眾星要從天上墜落，天勢都要震動。那時，人子的兆頭要顯在天上，地上的萬族都要哀哭。他們要看見人子，有能力、有大榮耀、駕著天上的雲降臨。他要差遣使者，用號筒的大聲，將他的選民，從四方、從天這邊到天那邊，都招聚了來。」（馬太福音第二十四章二十九－三十一節，中文和合本）。

在《聖經》中，曾出現過許多次最後審判的場景，但形象最鮮明的，還是《啟示錄》當中的記載，經文中以奇幻的筆法，描繪出末日的景象，《聖經》中描述有「七隻角、七隻眼」，且好像被宰殺過的羔羊，解開了「七個封印」後，有七位天使吹響了號角，接著各種毀滅之力襲擊大地，然後大家聽到來自天堂的宣告，說神戰勝了惡魔、神的統治已然降臨，對所有人的最後審判即將開始。

《聖經》「最後審判」的場景

「我又看見死了的人，無論大小，都站在寶座前。案卷展開了，並且另有一卷展開，就是生命冊。死了的人都憑著這些案卷所記載的，照他們所行的受審判。」（啟示錄第二十章十二節，中文和合本）。

在經過了最後審判後，使徒約翰透過靈視力，看見了嶄新的天地，也窺見了聖潔之城——新耶路撒冷，在那裡，「不再有死亡、悲傷，也不再有痛苦與哀痛」。而在《聖經》中所提及的人之子、被獻祭的羔羊，皆暗指救出主耶穌基督。

「XX審判 Judgement」是愚者之旅即將抵達的終點，也是全人類的終末之際。**無論在萊德偉特版塔羅牌**（見圖表2-106），**或馬賽版塔羅牌中**（見第二一三頁圖表2-107），**審判所描繪的場景，都是《聖經》裡的「最後的審判」**，牌面中由天使吹響號角，墓地裡的棺木打開、死者復活，那些接受審判的人們，如同破繭而出的蝴蝶

圖表 2–105
〈最後的審判〉（*The Last Judgement*），安基利柯（Fra Angelico）繪製（維基百科公有領域圖像）。

圖表 2–106
萊德偉特版審判，天使吹響號角，棺木打開、死者復活。

一般，在蛻變後，準備飛向新天地，展開新的旅程。

在馬賽版塔羅牌中，牌面下方還有一名藍色的人。藍色在塔羅牌裡，有過去或記憶的含義，所以可以推測，圍繞著藍色人的，極有可能是當初被逐出伊甸園的亞當與夏娃，他們看見藍色人得以接受審判迎向新世界，因此也開始期盼當初犯下原罪的自己，能有再次重生的機會，所以審判牌常被賦予重新開始、奇蹟般復活，或絕處逢生等概念。

至於畫家薩爾瓦多．達利則透過他新奇、創意的筆法，在達利塔羅牌中（見圖表2-108），用象徵生命的蝴蝶，在號角聲中翩翩飛舞，強調「破繭新生」的概念。**相較於其他版本，達利的「破繭新生」，進一步吹散了記憶中的黑暗，對新世界的降臨充滿期盼。**

終末、復活、救贖，究竟代表著什麼？

在許多版本的審判牌裡，牌面上吹響號角的天使，在號角上都懸掛著十字圖案的旗子。

圖表 2–108
達利塔羅牌審判，象徵生命的蝴蝶，在號角聲中翩翩飛舞，強調破繭新生。

圖表 2–107
馬賽版審判，推測圍繞著藍色人的，是亞當與夏娃，他們也期盼，能有再次重生的機會。

對此，美國塔羅牌研究者兼科幻小說家瑞秋．波拉克（Rachel Pollack），在其著作《七十八度的智慧》（*Seven-Eight Degrees of Wisdom*）一書中，曾給予以下詮釋：「十字旗象徵著兩個時間次元的交會，一個是我們日常生活的時間線，另一個則是靈性生命的永恆時間線。」這兩條時間線的交會，意味著每一天的生活都有其意義，不必為了靈性生命的重獲新生，刻意捨棄任何過往經驗，而是必須用新的方式來理解它，就像月亮牌中所告訴我們的：人們必須全然接受、面對過去的自己，才有克服的可能。

但阿萊斯特．克勞利對於是否應該要捨棄過去，則有完全不同的觀點。他在托特版塔羅牌中（見圖表2-109），特別把這張牌重新命名為「永恆 The Aeon」，並且在《托特之書》中解釋：「我們應該要完全擺脫傳統束縛，因為透過這樣的行為，相對有助於維持傳統。」

他甚至在接受高等靈體所啟發寫下的《律法之書》（*Liber AL vel Legis*）中表示：前一個輪迴的末日大火審判，已經在一九〇四年時完成，那一年在東方，火神荷魯斯（Horus）取代了風神歐西里斯（Osiris），成為新世界神的使者，而在新的永恆之初，會由新使者傳遞神的訊息，給地球上的所有人。

圖表 2–109

托特版審判，被重新命名為「永恆 The Aeon」，預示新的永恆剛開始，更代表轉變時期的來臨。

所以在托特版中，牌面中央的人物，是新世界中神的使者——荷魯斯，而把荷魯斯圍繞在「子宮中」的，則是荷魯斯的母親——星之女神努特（Nut），因此在托特版的塔羅牌系統中，這張牌象徵著「啟示錄石碑」，也預示新的永恆才剛開始，新世紀正在發展中，仍有無限可能，更代表了轉變時期的來臨。

在傳統版本的塔羅牌中，審判所描繪的多半是《聖經》中「最後的審判」的場景，而這場景象徵著「泛基督教文化的最後救贖」。但是在近代，或新時代的塔羅牌系統中，這張審判牌超脫了原有的基督教概念，有了更廣泛的延伸。

例如，某些人會從審判的編號二十，拆解出這張牌是由編號十的命運之輪，相加兩次而來，因此從東方哲學的概念，延伸出輪迴與超脫輪迴的說法，甚至有人會從佛教中，過去佛、現在佛與未來佛的觀點，解釋這張牌，預示五十六億七千萬年後，未來佛彌勒菩薩將降世，解救現在佛釋迦牟尼未能度化的眾生。但無論如何，審判都代表了終末、復活與救贖等意義，換句話說，愚者之旅即將迎來終局。

XXI 世界
The World

一段旅程的結束，即將開啟另一段新旅程。
完成、和諧、成功、釋放、勝利、旅行與移動……或對變化感到恐懼、自滿、未完成、無法釋懷……。

愚者之旅終於抵達終點，迎接他的最後一張牌是「XXI 世界 The World」。

我們先分析萊德偉特版塔羅牌的構圖（見第二一九頁圖表 2-110）：以輕盈世界的清透藍天為背景，一名女性被類似羽毛環繞的結界所包圍，她手持短杖、彷彿正跳著舞，四周有鳥獸及天使的關照，牌面散發出平靜、喜悅與圓滿的氣氛。

蓬鬆的羽毛花圈，象徵著她被不可知的神聖力量所保護；而花圈的環狀結構，也模擬了銜尾蛇的形象，象徵無始無終、永恆持續的運轉不息。

在和諧的喜悅中，世界終將圓滿

在萊德偉特版塔羅牌或馬賽版塔羅牌中（見圖表2-111），有些人認為牌面中央衣不蔽體的人物是世界之靈＝宇宙靈魂，有些人則推測他是同時具有男性，與女性特徵的中性存在，被永恆之環圍繞，用來泛指生命本身。

牌面四個角落出現的獅子、牛、老鷹與人，我們曾經在命運之輪牌中介紹過，分別是四種不同型態的基路伯（智天使），他們象徵構成世界的四大元素，而被四聖獸所守護的永恆之環世界，也象徵著宇宙之卵。

從牌面人物的曼妙舞姿，彷彿可以看見印度神話中，溼婆之舞（Nataraja）的身影，溼婆不只是「跳舞之神」，更是印度教的主神之一，在祂的舞蹈間，整個宇宙從創造到毀滅、又再次被創造。但是同樣的人物構圖，在巴黎塔羅牌中（見第二二一頁圖表2-112），則是一名類似女性的角色，站在地球上跳舞，地球上標注了T型十字的符號，如同曼陀羅（Mandala）的基本元素，由圓與十字符號構成。在榮格心理學中，曼陀羅被視為是「人類共同宇宙觀」的展現，不只超越種族、文化與

圖表 2–111
馬賽版世界，被四聖獸守護的永恆之環世界，象徵宇宙之卵。

圖表 2–110
萊德偉特版世界，牌中女性被羽毛花圈包圍，牌面充滿平靜、圓滿的氣氛。

宗教，還存在於全體人類的集體潛意識中。

所以薩莉・妮可斯在其著作《榮格與塔羅牌》中，對世界牌的詮釋是：「一直以來，我們所對抗的各種能量衝突，被和諧的統合在同一個場域裡。」而這些對立的能量包括科學與魔法、父性與母性、精神與肉體、有意義及無意義等，在純潔無瑕之人的和諧舞姿中，這些對立能量得以調和、穩定，凝聚成更大的力量。

在不同版本中，牌面人物的手持物品也略有不同，例如和平之母塔羅牌的女性是一手拿著鈴鼓，另一手高舉生命之火，彷彿正在歌詠著萬民平等、融合與生命的美好（見圖表2-113）。而在馬賽版塔羅牌與萊德偉特版塔羅牌中，牌面人物所持的短杖，與Ⅰ魔術師手中的短杖一模一樣，是愚者之旅一開始用來理解這個世界的工具，也是我們連結自身與宇宙能量的媒介。

我們之前在Ⅳ皇帝與Ⅻ倒吊人中曾說：身後勾起來的腳，象徵基督教信仰中的十字架，或許我們可以從這一條線索，推測世界牌，正是《啟示錄》中所告訴我們，在最後審判之後，神所應許的「新耶路撒冷」。

伊登・格雷在其著作《完全解析塔羅牌》一書中表示：「**世界牌是人類的起點，也是人類的歸宿，是所有人們嚮往與期盼的狀態。**」而我們的愚者之旅，在最

圖表 2–112
巴黎版世界，站在標註 T 型十字符號的地球上跳舞，如同曼陀羅的基本元素，由圓與十字符號構成。

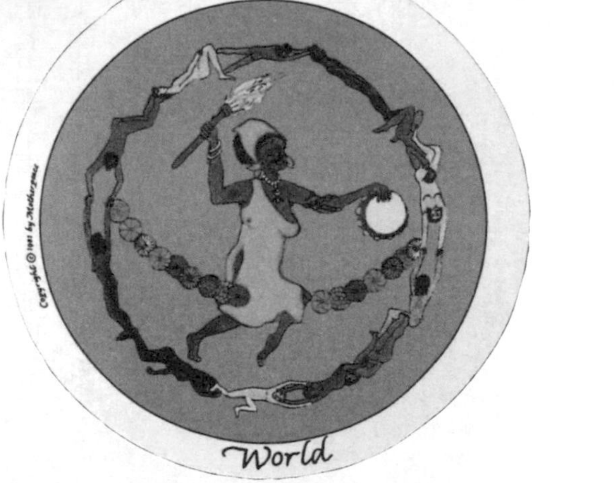

圖表 2–113
和平之母版世界，一手拿鈴鼓，另一手高舉生命之火，彷彿歌詠著萬民平等、融合與生命的美好。

後一刻所抵達的，正是這個包容萬物、眾生平等的和諧世界。

愚者的如夢之旅

讓我們回到愚者之旅的起點，編號0的愚者，天真爛漫的踏上了擁有無限可能的旅程，在歷經各種不同的角色與體驗，最終抵達X世界。這個世界，仍是當初愚者所降臨的世界，但在經歷了這趟旅程之後，愚者已經不再是當初那位愚者。

這趟旅途，就像是孵化一切可能的宇宙之卵——萌芽、成長、實現、再萌芽、再成長、再實現，週而復始、生生不息。所以阿萊斯特·克勞利在其著作《托特之書》中說：「愚者是『偉大事業的開端』，而『宇宙（世界）』則是偉大事業的具體成果實現[7]」。從0愚者到XXI宇宙間的二十張牌，則代表了「偉大事業」的各個階段，與在其中所遭遇的每一個不同角色。

整趟愚者之旅彷彿是一場夢境，就像是佛教禪宗修行的〈十牛圖〉所寓意的，在短短十張畫作中，我們得到牛、失去牛、出發尋找牛、終於找到、又得而復失、進而釋然的「悟道」過程。

7. 譯註：在托特版塔羅牌中，「世界」被重新命名「宇宙」。

圖表 2–114

夢想之路版世界，打盹老人象徵所有人，在現實追尋夢想，並在夢想實現後，又體悟到另一層現實，如同愚者之旅。

類似的概念，也被引用在夢想之路塔羅牌中（見上頁圖表2-114），在這版本的世界牌，描繪了一名正在打盹的老人，老人象徵著地球上的所有人們，在現實世界中追尋夢想，並且在夢想實現後，又體悟到另一層的現實，然後再萌生出另一個夢想，如此一次又一次的循環，就如同愚者之旅般，一趟旅程的終點，往往是新旅程的起點，如同銜尾蛇，沒有終點、生生不息，是我們轉瞬即逝的夢境，也讓永恆的生命持續閃耀光芒。

擅長描寫人性的推理小說家江戶川亂步，曾說過一句話，很適合用來形容愚者之旅：「現世皆夢，夜夢唯真。」

專欄　百花齊放的現代塔羅牌

塔羅牌從十五世紀的義大利開始發展，一直到二十一世紀的現代，數百年來不斷與世界各地的宗教、藝術、哲學、文化相互碰撞，並透過人們的想像力，激盪出燦爛火光；而在不同時代、不同地區，皆有前仆後繼的塔羅牌創作者們，不斷延伸想法、擴展概念，創作出各種不同版本的塔羅牌作品。

位於東京淺草橋的「東京塔羅牌美術館」，館內就收藏了高達三千多種不同版本的塔羅牌。這些塔羅牌的發展與體系演變，是不是有什麼脈絡？我們在本篇專欄中，特別邀請塔羅牌研究者 Izumo Arita，簡單為各位說明：

簡單來說，塔羅牌可分為四大系統：維斯康提版塔羅牌系統、馬賽版塔羅牌系統、黃金黎明版塔羅牌系統，以及新時代系統。

維斯康提版塔羅牌系統，是以十五世紀義大利維斯康提家族，與斯福爾扎家族所創作的版本為基礎，這套卡牌流傳在當時的義大利貴族階級之間。隨著塔羅牌的發展，後世使用者們也會參考同時期的其他版本牌組，為牌組之間的差異或缺漏，進行增補與再詮釋。

馬賽版塔羅牌系統，**約流通於十七至十八世紀**，以木雕版畫製作而成，隨著印刷技術的普遍化，**被視為是「平民版塔羅牌」**。從馬賽版塔羅牌中，又衍生出巴克斯版塔羅牌、巴黎塔羅牌等版本；約在十八到十九世紀間，法國地區則出現將馬賽版塔羅牌，結合神祕主義的埃特拉塔羅牌（Etteilla Tarot），和奧絲薇女巫塔羅牌（Oswald Wirth Tarot）等版本。

十九世紀以後，在英國祕密結社黃金黎明協會的影響下，發展出黃金黎明版塔羅牌系統，其中以此版為基礎，擴增出包括**萊德偉特版塔羅牌**、**托特版塔羅牌等版本**，**這兩個是目前流傳最廣**、**影響力也最大的牌組版本**。

到二十世紀中期以後，隨著「新時代」身心靈思潮的風起雲湧，發展出所謂的新時代系統。這個系統的塔羅牌包羅萬象，有些受到東方傳統哲學的影響，有些受到北美原住民印第安族的大靈（Great Spirit）信仰啟發，更有一些則融入其他地區民間傳說等，開發出一系列不同於中古歐洲風格的神祕主義形象。此外，一九八〇

圖表 2–115　現代各種塔羅牌版本。

年代登場的和平之母塔羅牌，明顯受到女性主義影響，榮格塔羅牌則以榮格心理學為基礎，還有以大師奧修（Osho）為名的「奧修禪塔羅」（Osho Zen Tarot，又稱為奧修禪卡），都是本系統中相當知名的牌組。

在塔羅牌的發展過程中，還有許多跨領域的精彩創作，例如著名畫家薩爾瓦多·達利所繪製的達利塔羅牌，或以搖滾巨星大衛·鮑伊為設計靈感的星際旅人塔羅牌等。自二十世紀以來，到二十一世紀的現在，塔羅牌可以跟藝術、電影、動畫與音樂等領域結合，激發出各種多元的創作靈感，時至今日，仍有各式各樣的新版塔羅牌出現，不斷迎合各種當代情境，並試圖滿足人們的精神需求。

第 3 章

小阿爾克納的世界

一般常見的塔羅牌共有七十八張，分別由二十二張大阿爾克納牌組，以及五十六張花色各異的小阿爾克納牌組組成。小阿爾克納牌組的花色分類，主要有權杖、聖杯、寶劍及金幣等四種，每一種花色，又分為一到十依序排列的數字牌，以及加入國王、皇后、騎士、侍衛等人物元素所構成的宮廷牌（或稱人物牌）。

聽完以上對小阿爾克納牌組的簡單介紹後，大家會不會覺得似曾相識？沒錯，小阿爾克納牌組的內容結構，與我們平常玩的撲克牌幾乎一樣，這很有可能是因為它們起源相同。

起源自明朝的「馬吊」紙牌

有關小阿爾克納牌組的起源，目前比較常見的說法是源於中世紀的中國。據說在唐朝，流傳著各種紙牌遊戲，紙牌遊戲道具也在當時被大量開發、生產，甚至普遍使用紙牌或骨牌當作娛樂。

到了明朝，讀書人之間，經常玩一種叫做「馬吊」的紙牌遊戲，紙牌依四季分成四種花色，後來經由阿拉伯傳入歐洲；在流傳過程中，形式與玩法產生了變化，逐漸演變成後來的撲克牌及小阿爾克納牌組。另外補充額外冷知識，據說現代的麻將，是紙牌遊戲馬吊與骨牌所結合而成。如果這個論點可信，那塔羅牌與麻將，可以說是遠房親戚！

四種花色的含義

根據前段文章的介紹，紙牌遊戲後來被傳入阿拉伯，而紙牌上的四種花色，也順應當時、當地的社會文化，改為金幣、杯子、刀劍與馬球桿[1]，且另外增加了國王、總督與第二總督等三種人物牌。

這套紙牌遊戲，在十四世紀左右被傳入歐洲，又因當時歐洲並不常見馬球運動，所以馬球桿的花色，被權杖及棍棒的意象取代。約在十五世紀中葉，這套牌組結合了當時貴族之間流行的卡牌遊戲，演變成現今塔羅牌系統的基本架構。

1. Jaukhan，一種被運用於馬球運動的球桿。

作為小阿爾克納牌組原型的卡牌遊戲，很快流行到整個歐洲大陸。約在十五世紀後期，在法國流行的牌組，簡化了原先的四種花色，用梅花（♧）、紅心（♡）、黑桃（♤）、方塊（◇）加以取代，這大概就是現代撲克牌的前身。而小阿爾克納牌組的花色，也約莫在此時確定下來，分別是權杖（wands）、聖杯（cups）、寶劍（swords）與金幣（coins）。如果對應這兩種牌組，則相對應的花色會是「梅花＝權杖」、「紅心＝聖杯」、「黑桃＝寶劍」、「方塊＝金幣」。

這些花色（符號）代表著什麼意義？從歐洲希臘時期以來的哲學家們，包括柏拉圖、亞里斯多德等，都曾經提出，「世界是由火、土、水、風等四種基本元素所建構而成」，這套四元素理論，後來被拿來與小阿爾克納牌組的花色相連結，延伸出權杖＝火、聖杯＝水、寶劍＝風、金幣＝土的說法，奠定了小阿爾克納牌義的基本蘊涵。

又根據亞里斯多德對於四元素理論的闡釋，他認為整個世界，是由四種特質構成，分別是「熱、冷」與「溼、乾」。熱、乾搭配，會得出火元素；熱、溼相搭，會得到風元素；冷、乾結合，會得出土元素；冷、溼相搭，則會得出水元素。這套說法流傳到後世，又摻雜了煉金術與占星術的概念，變成歐洲早期科學的理論基礎，甚至到近代科學誕生之前，西方世界對此深信不疑。

在近代科學發展後，四元素理論的說法漸漸被人們遺忘，直到瑞士心理學家卡爾·榮格，與法國哲學家加斯東·巴舍拉（Gaston Bachelard）等人，將這套四大元素理論，與人類潛意識及想像力的發展連結，四元素說法才再次受到人們關注。

榮格認為，從四元素兩兩相對的概念，我們也可以把人格劃分為「思考與情感」及「直覺與感官」，進一步以這兩組特質，將人格發展分成四個象限。這套理論被廣泛使用在性向分析與人格測驗中，相信有許多人在參加一些培訓課程時都曾接觸過。

在我們連結了小阿爾克納牌組的四種花色，與各種特質的關鍵字之後，就可以試著賦予這些符號更豐富的意義：

權杖＝火，熊熊燃燒的烈火，代表噴發的能量，權杖則是權勢與力量的象徵。結合兩者的概念，我們可以得出熱情、動力、強勢的意志與啟動等意思。

聖杯＝水，聖杯是耶穌在十字架上受難時，用來承接耶穌寶血的容器。在抽象的概念上，象徵著愛與犧牲，在具體概念上，則跟血液或心臟等循環系統有關，進一步引申為，連結情感、感知與情緒波動等。

寶劍＝風，在此借用了銳器的概念，引伸出分割、擘畫與冷靜判斷等意義；而風元素象徵著理性思考與聰明才智，但兵器畢竟是傷害人的工具，常會給人冷酷、無情的感覺，所以有些人會認為，寶劍與黑桃具有不祥之兆。

金幣＝土，金幣是一種通貨，作為購買力的象徵，是社會集體的信任與共識。不只是付出後的所得報酬，也可以用以改善物質生活；土元素象徵著腳踏實地與感官的真實體驗，也是財富與金錢的具體象徵。

只要把小阿爾克納牌組中的四個花色，連結它所延伸出的四大元素，與關鍵字意義，再搭配靈數學中，數字一至數字十的不同寓意，就可以簡單解讀小阿爾克納牌組中的數字牌。

雖然小阿爾克納牌組與撲克牌系出同源，但它們在「宮廷牌」的架構卻不太一樣。撲克牌中，每一種花色的宮廷牌各有三張，分別是國王、皇后與侍從；但是在小阿爾克納牌組中，每一種花色的宮廷牌會有四張，分別是國王、皇后、騎士與侍衛。至於為什麼會產生這樣的歧異，至今仍尚未有定論。

什麼是「宮廷牌」？

如果比照撲克牌的排序，將小阿爾克納牌組的宮廷牌由高至低排序，應該會是：國王、皇后、騎士、侍衛。但是在某些版本中，會特別把騎士擺在國王之上。因為他們認為國王的勢力，僅限於自己的領地，而騎士則肩負各種使命，維持更大範圍的社會秩序，所以相對於國王，騎士更受民眾尊敬與愛戴，這也是我們在使用不同版本塔羅牌時，要特別注意的地方。

如同數字牌，把宮廷牌角色依照權杖、金幣、寶劍、聖杯等四種花色，連結它所延伸出的四大元素與關鍵字意思，就可以簡單讀懂小阿爾克納牌組中的宮廷牌。

在一般塔羅牌占卜或解牌時，我們針對大阿爾克納牌組，與小阿爾克納牌組所代表的意義，給予不同層次的解讀。

大阿爾克納牌組通常較為抽象，用來指出比較大範圍的命題或趨勢；小阿爾克納牌組，因為不論是數字牌或宮廷牌，細節都相對明確，所以我們可以從花色、數字或人物角色來剖析，在解釋上也會較為具體。整個塔羅牌系統，就是透過大阿爾

圖表 3–1　萊德偉特版的數字牌，聖杯、寶劍與金幣。

圖表 3–2　馬賽版的數字牌，聖杯、寶劍與金幣。

克納牌組與小阿爾克納牌組的組合，在宏觀與微觀的世界中，發揮其功用。
接下來，我們將以馬賽版塔羅牌為例，解析小阿爾克納牌組的世界。

I

四種花色代表四種不同元素的純粹能量，數字一代表能量處於萌發階段。

事物的開端、初始能量的純粹狀態

權杖

權杖對應的四大元素是火，代表熱情、動力、強勢的意志與啟動。火元素的開端，則象徵著旺盛的生命力，或能推動世界、宇宙的動力與意志，也展現出面對困難的積極態度。可引申出行動、冒險的開始，或家庭關係的建立等。

聖杯

寶劍

聖杯對應的四大元素是水，代表愛、情感、感知與情緒波動。水元素的開端，與獲得神的恩寵、療癒或靈性的覺醒有關，並暗示事物的純粹狀態，例如，對某件事物最初也最純粹的感動。如果用來解析愛情的問題，則有「戀情萌芽」、「初戀」等暗示。

寶劍對應的四大元素是風，象徵理性思考、聰明才智，引申為公平、公正的裁決或分配，反面來說也有冷酷、不顧情感等意義。風元素的開端，象徵智慧的啟蒙、追求理性客觀與公平的態度，也包括釐清人際界線。有時也表示出現某個「邏輯清楚兼具領導特質的人」（通常指孩子或年輕人）。

金幣

金幣對應的四大元素是土，象徵現實、感官與物質生活，和達成前面這些項目的條件。土元素的開端，意味著必須坦承面對各種狀況，包括身體、工作、經濟等，並尋求適當的應對方式。引申出事業開端、某種傳承，或基於改善健康所進行的生活調整等。

II

開端之後，第一次出現分歧。且因對立、共生、調和等各種二元關係，事物出現動態發展。此時關鍵在於保持平衡。

對立、共生、調和……分歧所產生的二元關係

權杖

當某件事情開始後，同時也會出現另一股阻力，該如何平衡兩者之間的矛盾？這張牌暗示，這種狀況無法逃避、應勇敢面對，必須想辦法在兩股力量之間取得平衡。有時也代表「某個能包容各種意見的人」，但如果從負面解釋，也象徵膠著、被絆住、對未知的恐懼等。

聖杯

寶劍

兩個情感間出現強烈互動關係，有可能是愛情或友情進入發展階段，有時也代表彼此產生共鳴或同理心。要特別注意的是，強烈的互動關係，不一定都是正向，也有可能是競爭或磨合等，比較緊張的關係。

既然數字二代表第一次分歧，那寶劍二處理分歧的方式，就是理性判斷與切割。具體方式為何？或許能運用一點謀略，維持各方勢力的牽制與平衡，或者乾脆退出賽局，重新檢視手中籌碼，將風險降至最低。

金幣

金幣的原料是黃金，黃金從地底開採出來之後，經過加工變成具有交易能力的貨幣，是人類物質生活的具體表現。金幣二代表價值的交換，或議價過程。在討價還價的過程中，事情不一定有進展，但如果急於取得成果，或急於獲得答案，有可能會破壞彼此的默契，導致不利的交易條件。

Ⅲ

數字三，代表陰陽調和後，誕生新契機，也指所關切的事物，開始往完成的方向成長、前進。

創造、發展、成長、豐富

權杖

能量與行動力顯著增強，如果將這股力量導入組織中，會為群體帶來繁榮發展；注入工作與事業，則將提升生產力、創作力旺盛等加成效果。隨著這股能量的投入，將會加快計畫的執行速度，特定環境也能得到改善。但從反方向來看，也在警惕我們操之過急，會帶來反效果。

聖杯

寶劍

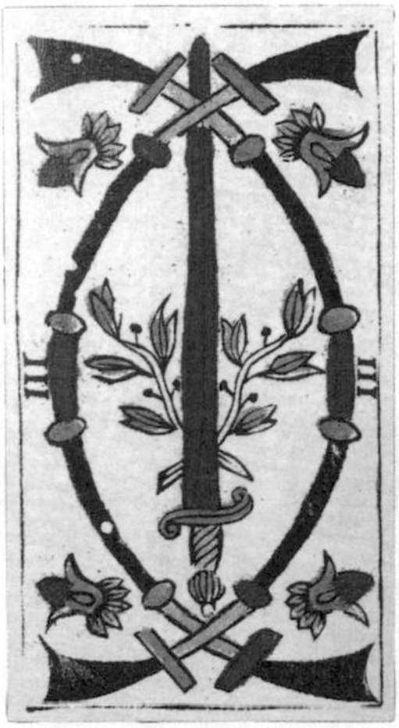

情感連結提升到另一個新境界，彼此變得更親密。如果用來解釋戀愛或情感關係，代表雙方共同經歷過一段難忘的事件，讓情感交流更密切，關係也朝著令人期待的方向發展。但從反面來看，有可能指對方興趣缺缺，或彼此無法坦率表達情感。

人世間通常合久必分，所有平衡狀態終將被打破。寶劍三代表為了完成目標，不得不結束原本安穩的狀態。從正面來說，事情脫離停滯期，出現了繼續往前的機會；從反面來說，分離會帶來不安，或在分離初期，提升了困難度等。

金幣

金幣原本代表具體的實際作為，與數字三所象徵的創造、發展連結之後，引申出行動獲得回報，或資產增加等意思。有可能在專業上出現新的業務，或在既有業務上出現穩健發展等。從反面來看，則暗示損失、物資缺乏等狀態。

Ⅳ

數字四是萬物和諧的完整狀態。在數字三中蓬勃發展的事物，將在數字四中獲得穩固的基礎。

安定、完整、穩固、基礎

權杖

在我們投入心力的地方，開始獲得穩定發展，脫離草創期的茫然與辛勞，已經建立起基礎，事情正在我們所想像的軌道上，這將為周圍的人帶來正向幫助。如果出現在情感關係上，很可能代表關係進入穩定期，例如步入婚姻等。

聖杯

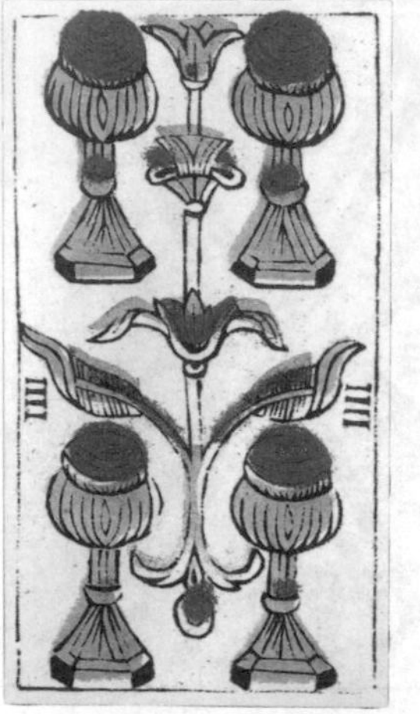

寶劍

情感的穩定狀態，是我們心中舒適與安全感的來源，但也是厭倦與疲乏等負面情緒的開端。聖杯四帶給我們對於現世安穩的期盼，也提醒我們不要因為習慣、耽溺而對情感失去控制。

如何讓代表風元素的寶劍牌，處於穩固、安定的狀態？這暗示我們或許應該要停止過度思考，更冷靜的面對眼前問題，甚至在必要時，好好休息一下。如果我們無法在面對問題時保持冷靜，忽視潛藏狀況，危機意識不足，將導致困局再次陷入僵局。

金幣

金幣四象徵在既有的基礎上，我們已經取得確切的成果與報酬，但如何維繫目前所擁有的一切，則需要有更積極的手段來管理與保護。但凡是過猶不及，如果過度控制，或過於執著，將改變事物本質，導致原有發展的基礎停滯，或出現阻礙成長的作為等。

V

數字五是在數字四的安定基礎上，加上數字一的新可能性。意味著穩定局面被破壞，出現新的衝突與糾葛。

穩定的現況被改變，不一定是壞事。

權杖

數字五代表「穩定的現狀被破壞」，而權杖牌所代表的能量，也因為局面被打破，而出現衝突、鬥爭、甚至彼此角力等狀況。這些情況表現在人際上，有可能代表與鄰近關係的糾紛、訴訟，或關係的競合等。但權杖所代表的行動力與身體能量，提醒我們不要逃避，才有可能解決問題。

聖杯

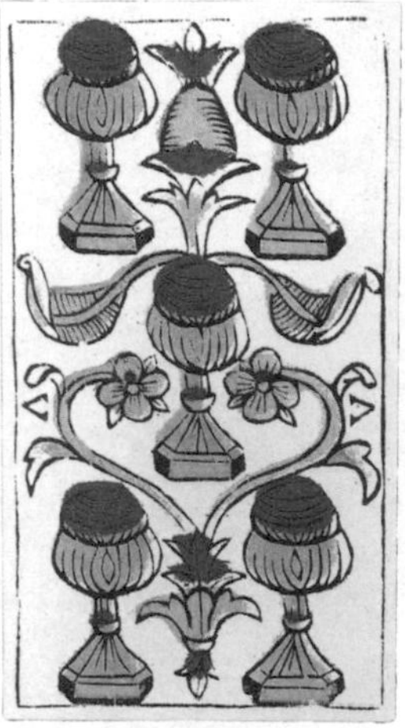

穩定情感被破壞，包括失去所愛之人、婚姻關係破裂等。無論是家人、密友或戀人，在聖杯五中，都將面臨意外的考驗。反過來說，只要通過考驗，彼此的信任關係將會更上一層樓。

寶劍

當穩定局面被寶劍破壞，暗示事情遭遇到非理性的強勢外力影響，不只全盤皆輸、迎來失敗，甚至還可能造成實際損傷。寶劍五也可能暗指「以不正當的手段，意圖支配他人」，比如裁員、資遣等。這張牌偶爾也意味著「空虛的勝利」。

金幣

現有的物質狀況被破壞，一般人會聯想到破財、財物損失，甚至經濟陷入困境等。但如果從商業活動的角度來解釋，則有可能是出現新的競爭者，或為了脫離現況而增加投資等。有些人則會從團結的面向解釋這張牌，認為金幣五是大家共同經歷了生存的難關，而願意攜手合作。

VI

數字六擁有數字三的兩倍創造性，指事物恢復秩序。

美與調和、平衡、修正分歧與錯誤

權杖

因為各方勢力的消長均衡，或強勢能量的介入，逐漸恢復秩序，衝突也漸漸弭平。權杖六對個人而言，意味著想主導事件完成，或是想在群體中發揮領導力，必須先創造出和諧的人際關係，才會有進一步發揮的空間。

聖杯

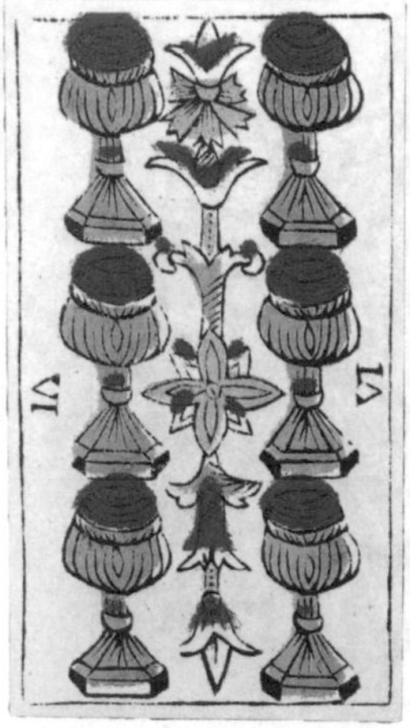

寶劍

人際關係的連結，在衝突後，有了更深刻的理解與發展，但並不限於讓彼此關係更緊密，也有可能因為了解而分開，而這對彼此都有正面幫助。如果是萊德偉特版塔羅牌的聖杯六，還隱含「來自過去的喜悅與祝福」，或「與兒時熟人相遇」等，也暗喻依戀過往所帶來的風險。

寶劍六代表透過智慧與聰明才智，解決事物的爭端，讓局勢回歸和諧與穩定。以現代社會的常見做法，可能是「召集各方當事人，在理性討論後，達成協議」；如果從相反角度來看，則暗示「各方當事人在根本想法上有極大歧異，導致事件陷入僵局」。

金幣

在付出與獲得的比例上，逐漸達到損益兩平，甚至略有盈餘的狀態；而這裡出現的好消息，有可能是出於外力的幫助，或是因為幫助他人而獲得回饋。如果從反方向切入，則可能暗示為了獲取實際利益，而採取不正當的手段，甚至不惜破壞和諧。

VII

如同神在創造天地時，將第七天訂為安息日。數字七是神祕的幸運數字，代表我們在數字六中所投入的心力，將取得進一步的成果。

完成後，下一步是什麼？

權杖

在激烈的競爭與衝突中，逐漸取得有利位置、勝券在握。如果用來分析一件已發生的事，表示當時產生的負面影響，現在已經克服；如果用來預測未來，則提醒我們要為可能發生的衝突或戰況預作準備，至少要想辦法守住既有戰果。

聖杯

寶劍

聖杯七通常代表，「只要有強烈信念，就有可能引發奇蹟」，但是強烈信念也是破壞和諧的雙面刃，代表感情用事，或在關係中失去理智。如果在情感初期出現這張牌，暗示其中一方可能過度追求，關係將會失控；如果在穩定關係中出現這張牌，則暗示出現外在誘惑，必須冷靜審視現況。

為了達成目標，偶爾不得不用一些出其不意的手段。寶劍七告訴我們，不能再用過往經驗來處理現況，或許用一點狡猾的手段，也是打破僵局的有效方法。不論這樣的行徑是否會破壞和諧，也不管會獲得什麼樣的評價，運用聰明才智與創意或想像力，是完成計畫所不可或缺的。

金幣

擴大既有成果，是這張牌對我們的暗示，而可行的方法包括加大投資、尋求合作，增加槓桿等。「高風險帶來高收益」，但是在採取冒險行為之前，務必謹慎評估自己對風險的承受度，並見好就收。

VIII

數字八是數字四的兩倍，難道在穩固的基礎上，還能更穩固嗎？為了維持現世安穩，或許必須考慮捨棄一些多餘的東西。

平衡對立的力量，建立更穩固的新基礎

權杖

權杖牌代表生命能量，數字八拆解成四加四，暗喻兩個在我們人生中相對卻又同等重要的領域，例如生與死、財富與健康等。

權杖八提醒我們，為了持續成長、持續發展，不能偏廢任何一邊，例如，為了財富犧牲健康，否則將迎來不可預測的後果。在達成目標前，先專注於能量的平衡，是這張牌給我們的啟示。

聖杯

寶劍

情感關係有很多種型態，兩個人可能既是戀人，也是家人、老朋友或事業夥伴，這些不同的情感型態，都影響我們的感情狀況。如果用世俗的角度切入，可能會涉及「不同價值觀的融合」，或「繼承與饋贈」等爭議，也許應該要重新審視彼此的關係，確定共同目標。

在相同場合中，不同的立場與價值觀，不一定只有鬥爭一途。尊重其他人既有的想法，想辦法維持各方勢力的平衡與穩定，對於推動同一個目標才有幫助。但從相反角度來看，現階段為了調和對立的見解，已經耗費許多心力，可能暫時還看不到新進展。

金幣

維持紀律、不斷努力，是維持穩定物質生活的基礎；只有日復一日的訓練與累積，才是腳踏實地真正的意義所在。但是從反方向來看，一味悶頭做、無視環境的變化，可能是停滯或做白工的開始，也暗示缺乏效率的執行計畫，將導致持續低迷的後果。

IX

九是個位數中最大的數字，在靈數學中，數字九包含了所有數字的特質，並暗示「創造即將完成」。

包含所有數字的特質，暗示創造即將完成

權杖

在行動力與熱情的推進下，目標即將實現，距離終點僅有一步之遙。但在最後衝刺階段，除了灌注全副心力之外，也必須眼觀四面、耳聽八方，以免功虧一簣。偶爾也暗示，可能會殺出想要收割成果的人，或出現挑戰者覬覦衛冕者寶座。

聖杯

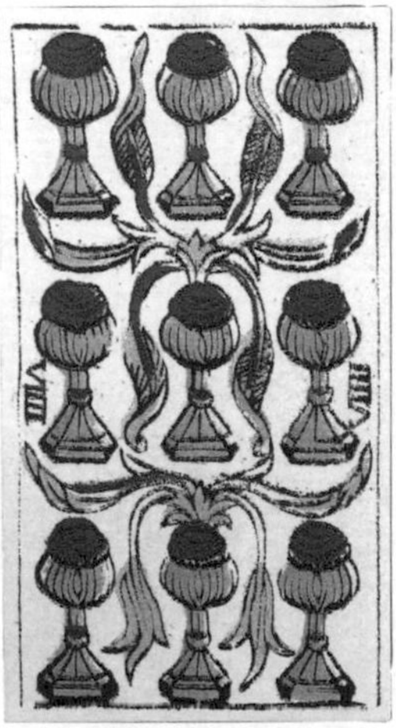

在萊德偉特版塔羅牌中，聖杯九被稱為願望牌，暗示「願望即將成真」。而在一般的牌義解釋中，象徵愛與幸福感的未來式，理想的和諧關係就在不遠處，不只情感與物質生活即將步入穩定，感官與靈性的交流也即將完成。

寶劍

傳統價值觀被新的價值觀取代，在概念上有點類似典範轉移（Paradigm shift）。如果我們是傳統的一方，可能會因此產生痛苦、懷疑或絕望等情緒，需要更堅強、勇敢的去面對；如果是挑戰舊有勢力的一方，代表我們的挑戰可能會帶來轉變。寶劍九偶爾也暗指主事者換人，或經營方輪替。

金幣

代表有機會成為遊戲規則的制定者，尤其是在商業合作等方面，而掌握相關權力，也會讓我們安心，有更多的自由。有時也代表新的商業模式，或創新產業型態的興起，如果從組織內部來看，可能暗示新舊管理團隊的更換，但我們都將從中獲得好處。

X

數字十，代表各種元素特質的完成體與極致狀態。是一個循環的結束，即將迎接下一階段的開始。

完成、終了、為新的挑戰預作準備

權杖

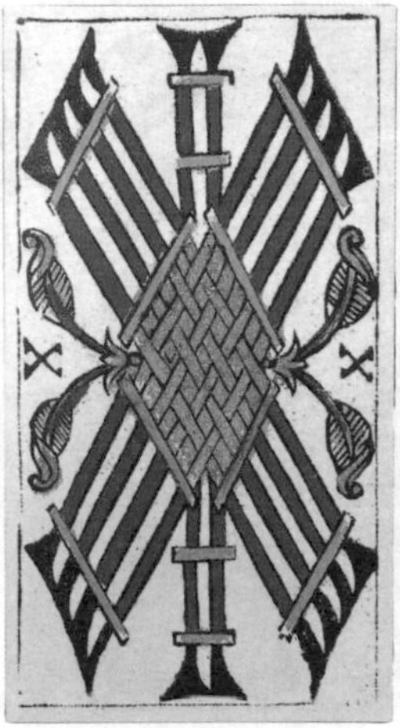

強大的熱情與動力，帶領我們在現有維度中暢行無阻，也代表我們必須凝聚更大的力量，才能衝破現狀，往下一個次元邁進。我們必須付出更多努力、通過更大的挑戰，才能在更高的層次贏得戰果，有時也暗示擴大活動範圍或跨領域發展等。

聖杯

寶劍

偉大的愛可以完成一切願望。不同於聖杯九僅停留在「即將完成」的喜悅中，聖杯十告訴我們：只要有愛，一切都得以完成、被滿足，不論是親情、友情或愛情。這是可以與所有人共享的喜悅，甚至連物質的藩籬也能打破，沒有任何隔閡。

概念或想法的出生，表現在創意或靈光一閃；而想法或概念的死亡，表現在實踐或放棄。因此，寶劍十暗示我們必須思考下一階段，因為我們原先的概念與想法已然完成，或不再具有可行性。當我們已為此付出巨大代價，這些概念就已完成它的使命。

金幣

金幣十，象徵感官與物質生活皆富足的狀態。也代表個人、家庭或國家、社會，現階段處於安全、富足且有餘裕。維持現況或許仍需投注一部分心力，但這是我們所能負擔的範圍，也樂於為此付出代價。但在新的挑戰出現之前，我們恐將面對倦怠與無趣，要學會忍耐枯燥的行為模式。

侍衛

牌面上描繪著年輕男女，象徵新手、入門與學習，儘管未臻成熟，但充滿發展可能。

未臻成熟、擁有無限可能性

權杖

權杖侍衛，是一名充滿熱情、活力與好奇心的年輕人，雖然親切可愛，但偶爾也會冒失莽撞。暗示經驗不足、思慮不周，或是因疏忽而犯錯。如果在進行重要決定時出現這張牌，不妨多詢問有經驗的人，或從年長者身上獲取必要知識。有時也暗示一段令人興奮的冒險之旅。

聖杯

寶劍

聖杯侍衛，情感豐沛、心思細膩且天真無邪，愛做白日夢，偶爾想太多，甚至因為別人不了解自己而感到孤獨。總是有點不切實際，或過分高估自己。但這份心情，在未來的人生路上十分寶貴，可以讓我們保有赤子之心，並永遠記得溫柔的對待所有人。

法國劇作家尚·考克多（Jean Cocteau）的作品《可怕的孩子》（*Les Enfants Terribles*），很適合用來形容寶劍侍衛，他們性格鮮明、充滿好奇，偶爾狂妄自大，不斷挑戰舊有框架與價值觀，試圖建立自己的規則。這張牌也讓我們省思「舊有的框架與規則，是否仍適用？」

金幣

金幣侍衛是一名腳踏實地的年輕學徒，他正在某個專業領域中，默默累積經驗與實力。他手中的金幣，象徵第一次的機會，也代表「第一次透過專業獲得報酬」，雖然目前所獲有限，但也寓意只要願意誠心誠意對待自己的專業，未來一定成長可期。

騎士

年輕侍衛在累積經驗後，成為兼具智慧與行動力的騎士，足以擔當各領域中的前輩。

累積豐富經驗、技巧純熟且積極活躍

權杖

權杖騎士脫離青澀，成為一名經歷豐沛且勇往直前的大人，他依舊熱愛新事物，也一樣很性急、想引人注目；但他嫻熟的專業與豐富的經驗，讓他不再畏懼困難。這張牌象徵主動積極，敢於投入新事物或未知領域，但熱情無法持久，偶爾盲目、自負，是比較需要注意的地方。

聖杯

寶劍

聖杯騎士態度謙和、為人友善，浪漫又充滿藝術氣息，總是能展現個人品味。但他還是忍不住會沉迷於不切實際的幻想，總是把感情或個人情緒放在第一位。如果是特定問題的解析，聖杯騎士通常暗示必須採取較為感性的處理方式，或是在處理問題時，訴諸情感訴求。

寶劍騎士是一名重視理性與邏輯的成熟大人，不會因為困難而失去冷靜，有實力開創新局，也有能力提供明智判斷，但不近人情可能是缺點。這張牌有時也暗示我們在面對問題時，應該要當機立斷，不要被情感牽絆。另外要注意勿輕蔑貶低他人，否則將引起負面影響。

金幣

金幣騎士是一名有條有理、一絲不苟，十分可靠且值得信賴的大人。雖然缺乏想像力，總是過度努力，但在經過長時間投入後，多半能踏實達成目標、獲取報酬。雖然無法靈活面對眼前的變化，但十分有耐性執行長遠的計畫。

皇后

皇后是支持領導者的關鍵輔助角色，她充滿包容與母性，是睿智且迷人的成熟女性。

充滿包容與母性，睿智又迷人

權杖

權杖皇后的華麗、風采與耀眼光芒，讓別人很難從她身上移開視線，她可以在舞臺上盡情展現自我，也可以無微不至的照顧別人。她的率直與熱情，偶爾會給人傲慢或過度虛榮的感覺，但她對於自己相信的事，願意義無反顧的投入，談戀愛也是如此。

聖杯

聖杯皇后十分敏感、細膩，能創造溫暖氛圍，對所有人都能適切的表達關懷與愛。她的直覺與靈感準確到不科學的地步，甚至有點神祕。但是她對於情感的感知力太過強大，也讓她忽視了情感以外的所有外在環境變化。

寶劍

寶劍皇后是一位飽經世事、看淡人情世故，理性又不失堅強的女性。她觀察力敏銳，總是能注意到細微地方，並準確、冷靜的做出各種判斷。雖然她防衛心很強，偶爾冷酷、不近人情，但是她不會感情用事，可以準確評估各種狀況。

金幣

金幣皇后是出色的教育家，也是規則與價值觀的捍衛者，她深知所有選擇都有其代價，因此堅信過往經驗所擁有的價值。這張牌代表累積資源、謀定而後動，甚至在生涯諮詢上，還暗示著懷孕與傳宗接代的可能。

國王

充滿自信的成熟領導者，肩負使命與責任，是父性與權威形象的象徵。

肩負使命與責任的成熟領導者

權杖

權杖國王性格熱情開朗、果斷明快，能以強勢且有效率的方式帶領團隊；一旦做出決定，便朝目標勇往直前，是個可以依靠與信賴的領導者。但是也因果斷明快，偶爾給人固執、不聽建議、粗暴狹隘的觀感；重視階層倫理，在權勢地位的觀念上較為傳統。

聖杯

寶劍

聖杯國王的領導特質，展現在包容、寬厚等方面，行事穩重、重視人情，願意一再給予機會。他願意花時間來理解別人和指導他人與提供諮詢，是充滿溫暖的人道主義者。但是這樣的性格，也讓聖杯國王容易出現優柔寡斷、軟弱、不可靠的負面形象。

寶劍國王邏輯清晰、判斷精準，能把抽象創意或概念，化為具體行動，是一位十分具有領導魅力的統御者。對待他人公平、理性，不講人情，只問是非對錯，但因過於理性，也容易為了達成目的而不擇手段。

金幣

金幣國王是世俗價值與權勢地位的象徵，他藉由過往的豐富知識與經驗，站上今天的位置；比起空談夢想，他更在意實際作為。他是保守的實力主義者，堅信所有權勢與資源，都必須靠自己的雙手完成，不認同結黨營私，偶爾為了捍衛自己的地位，會不顧一切的剷除異己。

對談

關於繪製塔羅牌這件事

魔夜峰央（漫畫家）[2] × **Izumo Arita**（圖像創作者）[3]

在二十二張大阿爾克納牌組中，不僅描繪各種人類的生活樣貌與情境，更隱藏著關於「真實世界」的祕密與真理。古往今來的塔羅牌創作者們，透過歷史、信仰、傳說與神祕學符號等資訊，加上藝術手法，豐富了塔羅牌的層次與內涵。究竟這些塔羅牌創作者們，在創作當下有哪些想法與心境？

在本篇對談中，我們特別邀請「魔夜峰央塔羅牌」的作者——漫畫家魔夜峰央，與二〇二二年曾推出大阿爾克納牌組「ALRESCHA22」的圖像創作者 Izumo Arita，一起聊聊他們對塔羅牌的看法。

Arita：魔夜老師久仰，我一直很喜歡魔夜老師所繪製的塔羅牌作品。我從九歲開始接觸塔羅牌，在國中一年級時開始著迷占星術，曾經看過英國插畫家比爾茲利（Aubrey Beardsley）的星盤（占星術所使用的天空星座位置圖）。後來無意間看到魔夜老師的星盤，發現魔夜老師與比爾茲利，在星盤上有許多相似之處，而且我覺得您與比爾茲利長得有點像，想請問魔夜老師，對您來說，比爾茲利的作品風格有什麼特別吸引您的地方嗎？

魔夜：我長得像比爾茲利啊！其實我在幾年前受邀參加新潟美術館的展覽時，才第一次親眼目睹比爾茲利的一系列畫作。當時覺得，他的作品對我來說很有親切感（跟我作畫方式很類似），尤其是我們似乎都相當執著於黑色，會一直追求一種在日光燈下無法展現出來的黑。我常常為了畫出這樣的黑色，在小燈泡的光源底下，反覆塗抹上色，直到出現這款黑色為止。

Arita：比爾茲利似乎曾受到日本浮世繪大師歌川國芳的影響，而在魔夜老師所繪製的塔羅牌中，例如XIII死神（見第一五七頁），看起來也有幾分歌川國芳大師的影子，老師可以分享一下，其中是受到什麼啟發？

魔夜：我在創作死神牌時所描繪的骷髏形象，確實受到歌川國芳〈相馬舊王城〉作品中，「餓者骷髏」的影響。我在眾多浮世繪大師的作品中，特別喜愛歌川國芳，勝於（葛飾）北齋。對我來說，餓者骷髏所代表的不只有死亡，還有死亡接納一切貧富貴賤的包容力，我甚至在設計自己的名片時，還特別把「餓者骷髏」的形象放在名片背面。

2. 魔夜峰央，一九五三年，出生於新潟縣新潟市，一九七三年，在雜誌《Deluxe Margaret》發表《陌生的來訪者》後正式出道。他將幽默詼諧的元素，融入耽美主題的作品中，作品具有強烈個人風格，廣受讀者歡迎。《帕塔利洛 Patalliro！》、《拉夏奴 Lashanu！》等作品都被製作成動畫。早期的短篇作品《飛翔吧！埼玉》，在二〇一〇年後半又再次受到網路關注、成為熱門話題，並於二〇一九年被翻拍成電影。

3. Izumo Arita，一九九六年，出生於島根縣出雲市。現為圖像創作者，同時參與塔羅牌的製作與解牌等活動。本書原始內容以「愚者之旅 The Art of Tarot」的專欄形式，刊登於日本讀賣新聞社所經營的「美術導航」網站中，而 Arita 則以導讀者的身分，負責審定連載內容。

Arita：這也是我所觀察到的特色。在老師所繪製的塔羅牌中，充滿了東方文化的風情，甚至還有一種「道」的底蘊。在某些牌裡，出現了「龍」的元素，而在X世界牌中，銜尾蛇的意象，與下方的人物構圖，都充滿東方色彩，這是老師有意為之的嗎？

魔夜：其實這套塔羅牌，是我在二十八歲左右創作的，因為年代久遠，所以很多繪製細節我已經忘記了。現在回想當時創作這套牌組的背景，如果沒有記錯的話，應該是受人之託，而不是我主動想創作；所以當下並沒有思考太多，只憑自己當時的直覺，大概花了兩、三天就完成了。比較有印象的是Ⅸ隱者這張牌，因為當時有一部電影叫做《忍者武藝帳》，所以我在畫隱者時，特別參考了電影中的忍者形象（見圖表3-3）。

Arita：但就像剛剛老師對於「餓者骷髏」的詮釋，感覺老師對於生死的體悟，似乎比一般人更為深刻……想請問老師，在您創作這套塔羅牌組之後，不論是對神祕學的解釋、對人生哲學的思考，在老師日後的漫畫家職涯中，有沒有產生什麼影響？

魔夜：我自己對於生死的理解是，人們在死亡後，並不是完全消失、回歸虛無，而是進入輪迴轉世中，就跟許多東方文化的見解差不多。但說到對我漫畫家的職涯有沒有影響，我想應該是有限的。畢竟我在成為漫畫家之前，就已經先接觸過

圖表 3–3
魔夜峰央塔羅牌的隱者，參考電影《忍者武藝帳》裡的忍者形象。

塔羅牌，而且我的第二部漫畫作品，也是跟塔羅牌有關的故事，所以它對我來說，並不是完全陌生的領域，因此創作這套牌組，對我其實沒有什麼特別的影響。

Arita：原來如此。老師在成為漫畫家之前，就已經對塔羅牌之類的神祕學事物感興趣，那老師又是為什麼被這些領域所吸引？

魔夜：小學二年級時，我讀到一本以青少年為目標讀者的科幻小說作品《前往第二個地球》，從那時開始，我對幻想世界、不可思議或神祕領域的故事產生興趣，再加上，我小學是圖書館委員，大量閱讀了格林童話或伊索寓言等故事，從此便喜歡上各種不可思議的作品內容（包括科幻與奇幻類）。

Arita：從老師的星盤看起來，在老師七歲左右，靈性成長便已經受到啟發。雖然老師繪製塔羅牌是二十八歲的事，但以老師在神祕學與靈性上的天賦，有沒有想過再次嘗試創作塔羅牌呢？對於許多喜愛魔夜峰央塔羅牌的人們，老師有什麼話想對大家說嗎？

魔夜：哈哈哈，因為我的眼力越來越退化，應該不會再考慮創作新的塔羅牌作品。就像《飛翔吧！埼玉》這部漫畫一樣，有些作品只有年輕時才做得出來。至於當年所創作的魔夜峰央塔羅牌，確實是我當時想法與靈感的集結，如果這副牌組能對大家有所啟發，那就太好了。但是占卜結果，我可不負責喔！

圖表 3–4　Izumo Arita 所製作的塔羅牌「ALRESCHA22」。

專欄　東京塔羅美術館簡介

二〇二一年一月，東京塔羅美術館（Tokyo Tarot Museum）於東京淺草橋開幕，該美術館是由一九七四年，開始進口塔羅牌的Nichiyu株式會社創辦。目前館**藏塔羅牌約有三千種，常態展出的約有五百種**。

東京塔羅美術館的主旨是：透過塔羅牌與自己對話，提供一個場域，讓人們可以透過解讀塔羅牌中所蘊含的神話、傳說與寓意，更深入了解自己。在這裡，大家可以在舒適的環境中，充分享受塔羅牌的世界。此外，Nichiyu株式會社也會透過挖掘藝術家與製作原創版塔羅牌等方式，向國內外的塔羅牌愛好者們傳遞藝術家的塔羅世界觀。二〇二二年，東京塔羅美術館在附近開設一間名為「CAFÉ Tarot」的咖啡館，並以「與他人對話」為主旨，經常舉辦各式與塔羅相關的活動。

「CAFÉ Tarot」是一間提供蔬食餐飲的咖啡館。除了提供美味餐點，還會舉辦與塔羅相關的活動。

館內除了展示各種版本的塔羅牌，還提供相當豐富的塔羅相關著作與推薦資料。

後記
除了用來占卜，也很適合了解自己

一般來說，完整的塔羅牌是由二十二張大阿爾克納牌組，與五十六張小阿爾克納牌組所組成。

有關塔羅牌的發展歷史，以及牌面元素所代表或象徵的意義，包括由大阿爾克納牌組所串連起來的愚者之旅，皆在前面章節中，為大家介紹過，希望大家對於塔羅牌都能有初步了解。接下來要說明關於塔羅牌的應用，以及其他相關基礎知識。

正位與逆位

首先，大家在閱讀有關大阿爾克納牌組，或小阿爾克納牌組的介紹時，可能會出現這些疑問，「每一張牌所涵蓋的內容與象徵意義未免太多了！」、「如果從另一個角度解釋，意思又會不一樣，應該採用哪一種見解？」甚至某些卡牌的關鍵字，竟然會出現詞義完全相反的狀況。比如，Ⅶ戰車的關鍵字，包含「前進、成功、勝利、凱旋……或不顧一切的橫衝直撞、固執己見、以力服人」等，但是前段關鍵字與後段的，在意思上幾乎完全對立，那在解讀時，應該從哪些線索來下手？

會出現這種狀況，與卡牌方向有關。在塔羅牌的系統中，每一張牌都有「正位」與「逆位」之分。以下頁圖表4-1為例，像左側般，卡牌圖案是正面的話，被稱為「正位」；相反的，像下頁圖表4-1右側般，卡牌圖案顛倒的情況，則稱為「逆位」，所以當大家從牌堆中隨機抽出卡牌時，卡牌的方向，便會影響怎麼解讀。

當卡牌呈現正位時，在解讀牌義上，會比較偏向卡牌本身所代表的「直接意義」，例如Ⅶ戰車的正位，我們會從「前進、成功、勝利、凱旋」等關鍵字切入；而當是逆位時，則會從相對意義切入，這一點可以從戰車牌逆位的「不顧一切橫衝直撞」，或「固執己見」等關鍵字中察覺。所謂的相對意義，指得是卡牌正位直接意義的延伸或反轉，這些都是我們在解讀牌義時，要特別留意的重點。

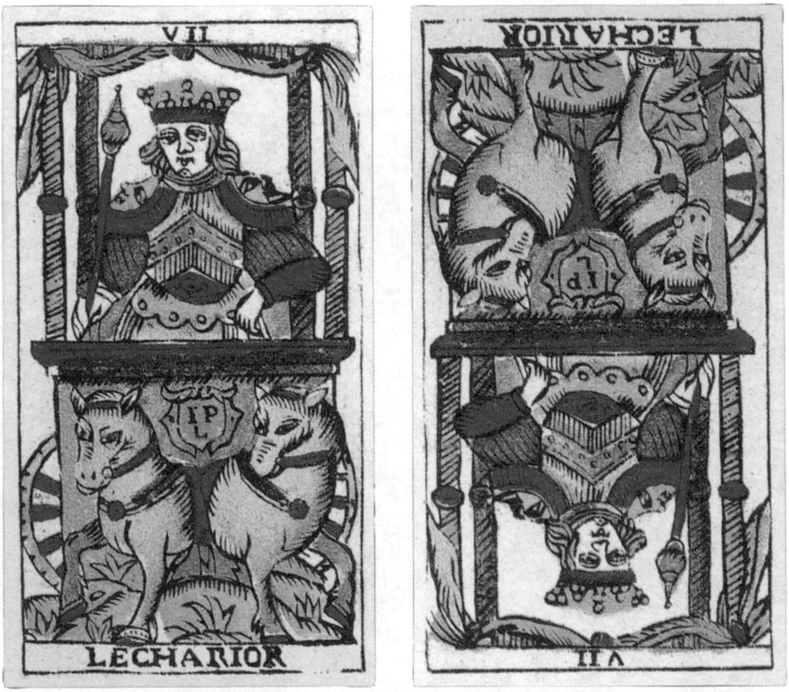

圖表 4–1

馬賽版戰車，左圖是正位、右圖是逆位，不同方向，解讀牌義時的切入點也不同。

解讀重點在於直覺

一九六〇年代，伊登．格雷以萊德偉特版塔羅牌為基礎，出版了三本鉅作：《塔羅牌的啟示》、《完全解析塔羅牌》以及《掌握塔羅牌》等。在這三本書中，她詳細解析了塔羅牌的基礎使用方法，並介紹有關「凱爾特十字」（Celtic Cross）牌陣，與「生命之樹」牌陣的占卜使用法，讓塔羅牌在大眾間變得更加普及；也讓一般民眾在提到塔羅牌時，對它「占卜工具」的印象根深蒂固。

但鏡隆治在其著作《塔羅牌的祕密》一書中特別提醒大家：「使用塔羅牌時，並沒有非得如此解釋，或非得如此使用的限制……使用塔羅牌最有趣的一點，在於『相信你的直覺』，讓想像力自由飛翔……。」所以我們在運用塔羅牌時，不一定受限於各種書中所提及的方式，完全可以依照自己的直覺解讀。

因此，塔羅牌除了用在占卜外，也十分適合用來了解自己，或解析現況、找出解決問題的方向等。而實際使用方式，則依照提問者與解牌者的角度，而有所不同。例如，當提問者提出一個問題後抽出卡牌，我們可以依照牌面的寓意來對話、討論，透過交流，釐清提問者的問題本質，進而找出解決之道。

例如，提問者抽出一張Ⅺ力量，解牌者就可以從這張牌開始，與提問者交流，像是進一步追問：「這張牌，有沒有哪些地方特別引起你的注意？」接著，透過牌面的圖案元素、整體色調與人物位置等，依直覺來理解與表達。

在講述過程中，對方就有可能會透露出之前從未察覺過的感受，或埋藏在潛意識中的期盼等。如果一時無法釐清問題與答案，就可以再抽下一張牌，重複這個過程，藉以探索自己的真正想法，或找出適合的行動方案，類似一般坊間在心理諮商時所使用的輔助工具。

塔羅能映照出你的靈魂

塔羅牌雖然常被用於占卜或心理分析，但在本書中，並不打算特別強調相關使用方式，因為這兩者都需要強大的專業與感知力，如果一知半解就進行相關操作，似懂非懂的強加解釋，不僅會誤會牌義、造成自己的錯誤判斷，甚至會引起別人困擾。如果大家真的想學習占卜或心理分析的相關知識，強烈建議先從本書附錄中所列舉的參考文獻入手，累積足夠的基本知識後，再進行其他應用。

「如果我對塔羅牌一知半解，就不能使用它嗎？」若你有類似疑問，我建議可以透過塔羅牌，訓練自己的直覺與想像力。無論是大阿爾克納牌組，或小阿爾克納牌組，在每一張卡牌的牌面上，都有各式不同的圖案元素、符號與隱喻象徵等。不管是0愚者或XIII死神，我們可以一邊觀察牌卡元素，一邊讓想像力飛翔，並與自己展開對話。如同作家伊泉龍一在其著作《塔羅全書》中所說：「塔羅牌是一種心理遊戲。」只要用開放的態度面對它，它便能為你的生活增添色彩，因為塔羅牌是我們的靈魂之鏡，能映照出我們的靈魂深處。

以下，就介紹一種「抽單張牌」的塔羅牌初階使用方式，讓想進一步認識塔羅牌的各位，做簡單的入門練習。

首先準備一副塔羅牌，大家可以自由決定要使用二十二張大阿爾克納牌組，或完整使用七十八張塔羅牌。接著充分洗牌，不論是拿在手上洗，或在桌面上打亂都無妨，只要能隨機抽出一張牌即可。

然後，一邊在心中默念想要詢問的問題，例如，「今天會過得怎麼樣？」或「某件事情，會有新轉機嗎？」再隨機抽出一張牌。接下來可以仔細觀察這張牌，從它代表的寓意或象徵中，得到啟發。例如我們抽到Ⅵ戀人，可以簡單推測「今天可能會出現某種邂逅」，或者「今天在工作溝通上，可能會出現問題」等。

最後要提醒各位，就算抽出來的牌卡，沒有正面意義，也不要因此感到絕望，例如ⅩⅥ塔，雖然它象徵某些事情面臨崩壞或清算，但也是在提醒我們，要比平常更加小心謹慎。塔羅牌只是偶然的啟示，不代表必然發生，或無法改變的命運，千萬不要自己嚇自己。

參考文獻

伊泉龍一著，《塔羅全書》，紀伊國屋書店，二〇〇四年。
伊泉龍一著，早田MIZU紀《靈數學的世界》，駒草出版，二〇〇六年。
井上教子著，《塔羅牌的歷史》，山川出版社，二〇一四年。
井上教子著，《馬賽版塔羅牌教室》，國書刊行會，二〇二三年。
大貫隆譯、著，《諾斯底神話》，講談社學術文庫，二〇一四年。
大野英士著，《神祕主義》，講談社選書Metie，二〇一八年。
鏡隆治著，《塔羅牌的祕密》，講談社現代新書，二〇一七年。
鏡隆治著，《鏡隆治的實踐羅牌、解讀》，朝日新聞出版，二〇一七年。
鏡隆治擔任編輯著，《Eureka詩與評論期刊，第五十三卷第十四號十二月臨時增刊號特集，塔羅的世界》，青木社，二〇二一年。
河合隼雄著，《榮格心理學入門》，培風館，一九六七年。
河合隼雄著，《無意識的結構 改版》，中央公論新社，二〇一七年。
濱田優子著，《全新解釋 馬賽版塔羅牌 詳細解讀》東洋書院，二〇一六年。

松村潔著，《用數學原理解讀塔羅牌》，星和書店，二〇〇三年。

山本伸一著，《總論，卡巴拉》，原書房，二〇一五年。

亞瑟・愛德華・偉特（Arthur Edward Waite）著，亞歷山卓木星王監修，SHIBIRU岡田譯，《塔羅牌的圖畫鑰匙》（*The Pictorial Key To The Tarot*），魔女之家BOOKS，一九九六年。

艾佛瑞・道格拉斯（Alfred Douglas）著，栂正行譯，《塔羅牌》（*THE TAROT*），河出書房新社，一九九五年

阿萊斯特・克勞利（Aleister Crowley）著，榊原宗秀譯，《托特之書》（*The Book Of Thoth*），國書刊行會，一九九一年。

亞歷山卓・尤杜洛斯基（Alexandro Jodorowsky Prullansky）著，伊泉龍一審定、黑岩卓譯，《塔羅牌的宇宙》（*The way of tarot*），國書刊行會，二〇一六年。

伊登・格雷（Eden Gray）著，幸月SHIMON審定，星MIWARU譯，《塔羅牌的啟示》（*The Tarot Revealed*），《完全解析塔羅牌》（*The Complete Guide to the Tarot*）、《掌握塔羅牌》（*Mastering the Tarot*），郁朋社，二〇〇二年、二〇〇五年、二〇〇七年。

艾利馮斯・李維（Eliphas Levi）著，生田耕作譯，《高等魔法的信條與儀式，教理篇》（*Dogme et Rituel de la Haute Magie*），人文書院，一九八二年。

艾利馮斯・李維（Eliphas Levi）著，生田耕作譯，《高等魔法的信條與儀式，祭儀

篇》（*Dogme et Rituel de la Haute Magie Tome Second*），人文書院，一九九二年。

奧士華・沃斯（Oswald Wirth）著，今野喜和人譯，《中世紀畫家塔羅牌》（*Le Tarot des Imagiers du Moyen Age*），國書刊行會，二〇一九年。

薩莉・妮可斯（Sallie Nichols）著，秋山SATO子、若山隆良譯，《榮格與塔羅牌》（*Jung and Tarot*），新思索社，二〇〇一年。

約翰・麥克・格里爾（John Michael Greer）著，蕭漢婷譯，《生命之樹卡巴拉》（*Paths of wisdom*）橡實文化，二〇一七年。

奇克・自茨樂（Chic Cicero）、桑德拉・塔巴塔・自茨樂（Sandra Tabatha Cicero）《現代魔術的源流「黃金黎明協會」入門》（*The Essential Golden Dawn.*），Hikaruland，二〇一七年。

巴爾特魯塞蒂斯（Jurgis,Baltrusaitis）著，有田忠郎譯，《巴爾特魯塞蒂斯著作集3伊西斯的追尋》（*Les perspectives dépravées Tome 3*），國書刊行會，一九九二年。

莫瑞・史丹（Murray Stein）著，朱侃如譯《榮格心靈地圖（三版）》（*JUNG'S MAP OF THE SOUL*），立緒，二〇一七年。

麗茲・格林（Liz Greene）著，鏡隆治審定、上原YUKO譯，《占星術與榮格心理學》（*Jung's Studies in Astrology Prophecy, Magic, and the Qualities of Time*），原書房，二〇一九年。

瑞秋・斯托姆（Rachel Storm）著，高橋嚴、小杉英了譯，《新世紀的歷史與現在》（*In search of heaven on earth*），角川書店，一九九三年。

瑞秋・波拉克（Rachel Pollack）著，孫梅君譯，《七十八度的智慧》（*Seventy-Eight Degrees of Wisdom*），商周出版，二〇一〇年。

媞西亞・巴比耶（Laetitia Barbier）著，鏡隆治審定，《塔羅博物館》（*Tarot and Divination Cards*），漫遊者文化，二〇二三年。

羅納德・德克（Ronald Decker）、麥可・達米特（Michael Dummett）著，今野喜和人譯《神祕學與塔羅牌的歷史》（*A History of the Occult Tarot*），國書刊行會，二〇二二年。

國家圖書館出版品預行編目（CIP）資料

塔羅牌圖像的祕密：原是貴族聊天時用來看圖說故事，演變成全民熱愛的占卜工具。從歷史、神話、哲學、靈數學面向，看塔羅起源。／讀賣新聞社「美術導航」取材班著、東京塔羅美術館審定；方嘉鈴譯.
-- 初版. -- 臺北市：大是文化有限公司，2023.12
304頁；14.8×21公分. --（Style；81）
譯自：美しきタロットの世界 その歴史と図像の秘密
ISBN 978-626-7377-31-4（平裝）

1.CST: 占卜

292.96　　112017717

Style 081

塔羅牌圖像的祕密

原是貴族聊天時用來看圖說故事，演變成全民熱愛的占卜工具。從歷史、神話、哲學、靈數學面向，看塔羅起源。

作　　　者／讀賣新聞社「美術導航」取材班
審　　　定／東京塔羅美術館
譯　　　者／方嘉鈴
責 任 編 輯／林盈廷
校 對 編 輯／陳竑悳
美 術 編 輯／林彥君
資 深 編 輯／蕭麗娟
副 總 編 輯／顏惠君
總　編　輯／吳依瑋
發　行　人／徐仲秋
會 計 助 理／李秀娟
會　　　計／許鳳雪
版 權 主 任／劉宗德
版 權 經 理／郝麗珍
行 銷 企 劃／徐千晴
業 務 專 員／馬絮盈、留婉茹、邱宜婷
業 務 經 理／林裕安
總　經　理／陳絜吾

出　版　者／大是文化有限公司
臺北市100衡陽路7號8樓
編輯部電話：（02）23757911
讀 者 服 務／購書相關資訊請洽：（02）23757911　分機122
24小時讀者服務傳真：（02）23756999
讀者服務E-mail:dscsms28@gmail.com
郵政劃撥帳號／19983366　戶名／大是文化有限公司

法 律 顧 問／永然聯合法律事務所
香 港 發 行／豐達出版發行有限公司“Rich Publishing & Distribut Ltd”
地址：香港柴灣永泰道70號　柴灣工業城第2期1805室
Unit 1805, Ph. 2, Chai Wan Ind City, 70 Wing Tai Rd, Chai Wan, Hong Kong
電話：21726513　　傳真：21724355
E-mail：cary@subseasy.com.hk

封 面 設 計／水青子
內 頁 排 版／黃淑華
印　　　刷／鴻霖印刷傳媒股份有限公司

2023年12月初版　　Printed in Taiwan
ISBN 978-626-7377-31-4　　定價／新臺幣480元
電子書 ISBN／9786267377284（PDF）
9786267377291（EPUB）
（缺頁或裝訂錯誤的書，請寄回更換）

UTSUKUSHIKI TAROT NO SEKAI SONO REKISHI TO ZUZO NO HIMITSU by The Reporting Team of The Art Exhibition JAPAN (THE YOMIURI SHIMBUN), supervised by Tokyo Tarot Museum

Original Japanese edition published by SHODENSHA Publishing Co., Ltd., Tokyo.

This Complex Chinese language edition is published by arrangement with SHODENSHA Publishing Co., Ltd., Tokyo in care of Tuttle-Mori Agency, Inc., Tokyo through jia-xi books co ltd ., New Taipei City